für alle,
die dem Sinn des Lebens nachspüren
und verstehen wollen,
wie wir inneren Frieden erreichen können

Ellinor

Vom Sinn des Lebens

Bibliografische Information der Deutschen Nationalbibliothek:
Die Deutsche Nationalbibliothek verzeichnet diese Publikation in
der Deutschen Nationalbibliografie; detaillierte bibliografische
Daten sind im Internet über dnb.dnb.de abrufbar.

Empfangen und niedergeschrieben: Günter Jahn

© 2023 Günter Jahn

Herstellung und Verlag: BoD – Books on Demand, Norderstedt

Titelbild: Gemälde „für Dich" 2022 von Ellinor Jahn

ISBN: 978-3-758-316425

Inhalt

Vorwort

Wie dies Buch entstanden ist?

Nun – die Worte fließen, fließen wie von allein. Was das bedeutet, verstehen wir dann, wenn wir wissen, daß es einen anderen Zugang zu Worten gibt als über den Verstand, den Kopf.

Es gibt eine Ebene jenseits dessen, eine geistige Ebene, eine Ebene grenzenloser Fülle mit einem Rundum-Überblick. – Und so gibt es eine andere Empfangsmöglichkeit aufgrund des Öffnens, des Sich-Verbindens auf inneren Ebenen, frei von rationalen Beschränkungen: Inspiration.

Wörtlich bedeutet dieses Wort: etwas Eingehauchtes. – Es ist mein Mann (mit Namen Günter) nun der Übermittler, der wortgetreu die Inhalte meiner Lebensschritte in 14 Kapiteln euch zugänglich macht. So könnt ihr daran teilhaben und das an Erkenntnissen für euch gewinnen, was in euch in Resonanz mit diesen Inhalten ist und darauf wartet, ans Tageslicht zu kommen.

Ich wünsche euch diese Bereitschaft, euch offenen Herzens dem Verlauf meiner Lebenserfahrungen anzuvertrauen, um mitzuerleben, wie auf behutsame Weise wir im Laufe unseres Lebens zu einem tieferen Verständnis gelangen und nach und nach den Sinn in allem erkennen können. – Dann erleben wir uns nicht als Erleidende, als Opfer, sondern wachsen hinein in eine Grundhaltung des Einverstandenseins, die uns als festes Fundament trägt und uns etwas Kostbares schenkt: inneren Frieden.

1. Geburt

Vorweg, bevor es losgeht, eine Anmerkung: Ich lasse mich gerne leiten von Ideen, die spontan kommen. Ihr dürft euch also nicht wundern, wenn's nicht immer systematisch ist, wenn vielleicht auch der Zusammenhang nicht gleich zu erkennen ist. Ich gehe gerne mal ins Reflektieren, einfach so. Ich mag das – und nun kann mein Leben beginnen.

Es ist fünf Minuten nach Mitternacht, als ich ‚das Licht der Welt erblicke‘. Schön gesagt, aber ich habe doch noch die Augen zu. Und ihr werdet gleich sagen, es ist doch übertragen gemeint: aus dem Mutterleib in diese Welt, in der das Wichtigste das Licht ist. Ohne Licht gäbe es kein Leben, kein Wachsen, kein Gedeihen.

Meine Mutter hat sich während ihrer Schwangerschaft mit dem ernährt, was durch das Sonnenlicht auf dieser Erde gewachsen ist, das Gemüse, das Obst, und sie brauchte die Sonnenstrahlen am Tag, die Wärme.

Und sicherlich versteht ihr auch diese ersten Worte noch in anderer Weise: Es geht nicht nur um das physikalische Licht, sondern auch das geistige Licht, das ‚Licht hinter dem Licht‘ – im Sinne der Worte „Ich bin das Licht der Welt" – denn ohne das wäre gar nicht in uns der Lebensfunken entzündet worden, das, was als göttlicher Funke in unserem Herzen erstrahlen möchte, was uns mit dem Urgrund allen Seins verbindet.

So sind wir gleich zu Beginn nur über das Wort ‚Licht' zu tiefergehenden Gedanken gekommen. Und ihr dürft nicht erwarten, daß ich chronologisch eins nach dem anderen wiedergeben werde, sondern ich lasse die Worte kommen, wie sie in diesem Moment, in dieser Gegenwart, in der ich dies erzähle, entstehen.

So werde ich mal in diese, mal in jene Zeit springen, mich mal von dieser, mal von jener Erkenntnis leiten lassen. Es wird also verschiedene ‚Gegenwarten' geben, alles in dem Fluidum, in dem Fluß der Zeit, den wir ‚Leben' nennen.

Wir können ja alles in unser Bewußtsein holen, und dann ist es gegenwärtig. Und es gibt eben auch Dinge – oder Themen – die zeitlos sind, also nicht gebunden an ein irdisches Datum.

Beginnen wir mit dem Wort ‚Mitternacht'. Ich sagte ja am Anfang, daß ich um fünf Minuten nach Mitternacht ‚das Licht der Welt erblickte'. – ‚Mitternacht' – ist das nun 24.00 Uhr oder 00.00 Uhr? Oder beides zugleich – Ende und Anfang? Geht das? Es ist ja auch Tagesgrenze: Der eine Tag geht, der andere kommt.

Im Radio sagen sie nie: ‚24 Uhr', obwohl es das ja ist, sondern gleich ‚00 Uhr'. Das Ende des Tages geht also unmittelbar in den Beginn des nächsten Tages über. Was sich erfüllt hat, fängt sofort, ohne Pause, wieder sofort von vorn, bei nichts an.

Die letzte Sekunde des alten Tages – der Piepston im Radio – ist gleichzeitig die erste Sekunde des neuen

Tages. So wandelt sich das Vergehende sofort um in etwas Entstehendes.

Das können wir auch gleich übertragen verstehen: Nirgendswo Stillstand, es geht immer sofort weiter: ‚Tod‘ ist sofort neues Leben, unentwegt, ewig geht das so weiter.

Günter gefallen solche Überlegungen, und da habe ich mich eben in ihn hineingedacht, wie er das wohl formulieren würde. Aber ich selbst habe auch Freude an diesen Gedankengängen, vor allem daran, daß deutlich wird, daß es nie nichts gibt, sondern nahtlos ist immer wieder Neues, neues Leben da. Wie schön!

Das bringt mich auch zu der Überlegung, daß es keinen Tod gibt – das Wort wohl, aber auch da ist es so, daß wir nahtlos hinübergleiten werden, hinübergeleitet werden in das Weiterleben.

Und auch schon während dieses Lebens jetzt können wir spüren, wie wir ständig in einem Fluß des Lebens sind, in einem jeden Moment immer wieder von Neuem am Leben erhalten werden, ohne unser Zutun, und es kann sich bestimmt niemand von uns daran erinnern, irgendwann nicht gewesen zu sein… Stimmt's?

All diese Überlegungen sind ausgelöst durch das Wort ‚Mitternacht‘ (im Zusammenhang mit meiner Geburt). So einfach ist das: ein Wort, und die Worte fließen…

Laßt ihr auch manchmal alles so kommen, intuitiv? Und da sind wir schon wieder bei einem schönen Begriff: Intuition! – Was ist das? Das überlasse ich jetzt euch, darüber zu reflektieren.

Ich gehe über (einmal nicht in einem logischen Zusammenhang, sondern weil ich das Thema mag) zu dem Thema ‚Wahrheit' – oh, was für ein großes Wort, was für ein Anspruch! Für mich ist dabei wichtig: Wahrheit muß einfach sein, für jeden da sein, das wäre sonst ja ungerecht, wenn nur einige wenige sie ‚besitzen' würden.

Wahrheit kann man nicht besitzen, muß man auch nicht, denn sie ist schon in uns – ist in uns, wenn wir in uns hineinlauschen, hinein in diesen unerschöpflichen Schatz, der uns vom Schöpfer mitgegeben ist.

Es ist das, was wir erspüren können, wenn wir ganz wir selbst sind – nicht als Verstandeswesen, nicht im Sinne von René Descartes: „Ich denke, also bin ich!" (für Lateiner: „cogito ergo sum") – sondern als Wesen, die in ihr Herz hineinspüren können.

Ja, das ist jedem von uns gegeben, frei zu sein von allem – wenn wir uns nicht an ‚Ansichten' verlieren, sondern einfach nur empfinden, wie es ist, zu sein – zu leben.

Lösen diese Gedanken in euch etwas aus? Einmal Abstand nehmen von allem, was uns so prägt? Ganz schlicht, ganz einfach: Ich bin – ich darf sein.

Und so sind wir zu einem weiteren wichtigen Thema gekommen: ‚Freiheit'. Das ist für mich etwas ganz Wichtiges: mich nicht bedrängt, eingeengt zu fühlen von alldem, was um mich herum mich beeinflussen, mir meinen eigenen Willen nehmen, über mich verfügen möchte.

Ein einfaches Beispiel, um es konkret zu machen und von einer hohen, abstrakten Ebene in den schlichten

Alltag zu bringen: Ich würde ja gerne meiner Mutter helfen und von allein den Staubsauger nehmen und die Wohnung saugen – wenn aber mein Vater mir dies befiehlt, ohne abzuwarten, ob ich es tun würde, dann steigt in mir Unmut auf; ich habe das Gefühl, daß er mir nicht zutraut, daß ich es selbst, aus eigenem Entschluß, tun würde...

Könnt ihr dies nachvollziehen? Kennt ihr solche Situationen? Ich bin da sehr empfindlich, weil das mit Selbstachtung zu tun hat. Ich möchte, daß er mir glaubt, daß ich natürlich sehr gerne helfe, aber freiwillig, aus eigenem Entschluß heraus, aufgrund meines selbstverständlichen Empfindens für die Mitverantwortung für die Haushaltsaufgaben in unserer kleinen Familie.

So ist gleich um die Überschrift ‚Geburt' herum einiges gekommen, was uns anregte, über manches nachzudenken.

Dazu gehört auch, daß der Geburtsvorgang selbst, das ‚Auf-die-Welt-Kommen', nur der Abschluß ist von einem geheimnisvollen Entstehen, dem Heran-gebildet-Werden im Mutterleib, bis hin zu dem vollständigen, vollkommenen Wesen, das wir dann als Mensch sind, mit Körper, Seele und Geist – wenn auch noch schlummernd, so wie ich als Neugeborenes schlummernd neben meiner Mutter liege, ihre Wärme spüre, so wie vorher die Wärme, die mir im Mutterleib Geborgenheit schenkte – mehr brauche ich im Moment nicht.

Ich weiß ja noch nichts von der Welt da außerhalb von mir, nicht, daß vor drei Tagen ein Krieg begonnen hat (und die Welt noch nicht ahnt, daß daraus der zweite

Weltkrieg entstehen wird); ich bin ja nichts weiter als ein sich nur in Urgefühlen wie Hunger und Wärmebedürfnis befindendes kleines Wesen Mensch, mir meiner Unbewußtheit nicht bewußt, einfach nur da, habe all das Erwachen, Erkennen, Erleben noch vor mir...

Daß meine vorgeburtliche Phase – so wird mir später durch Erzählungen meiner Mutter bewußt – so problemlos verlief, trotz des Alters meiner Mutter, sie ist 42, habe ich ihrer konsequenten Ernährungsweise zu verdanken: Sie hat die ganze Zeit nur Rohkost zu sich genommen, Gemüse, Obst, und als kleine Ausnahme ab und zu ein Stückchen Schokolade, und das ist auch zu meiner Ernährungsweise geworden – einschließlich Schokolade. Ihr seht, wie wichtig diese pränatale Phase ist, und so bin ich meiner Mutter sehr dankbar, sich so verantwortungsbewußt auf meine Geburt (die in ihrem Alter ein Risiko war) vorbereitet zu haben.

Sie wurde dadurch belohnt, daß ich in zwei Stunden problemlos auf die Welt kam, als Hausgeburt, in unserer damaligen Wohnung in Fulda unter dem Dach, sogar ohne Hebamme, denn die hatte nicht gedacht, daß alles so schnell gehen würde; sie mußte benachrichtigt werden: „Wo bleiben Sie denn? Das Kind ist schon da!" – Wie sie sich dann beeilt hat, könnt ihr euch vorstellen.

Was meine Mutter mir noch später zu diesem Ereignis erzählte, war folgendes: Die Hebamme sagte: „So, jetzt warten wir noch auf die Nachgeburt!" Und meine Mutter hat gefragt: „Was ist das denn?" – So unaufgeklärt war man damals!

2. Kindheit

Es ist Krieg. Wir wohnen in einem Doppelhaus. Die Nachbarhälfte wird von einer Bombe getroffen. Meine kleine Spielkameradin von nebenan ist tot. Ich finde ihre Puppe in den Trümmern. Ich schüttele den Staub ab, setze sie vor einen Stein. Wenigstens nicht dazwischen liegen bleiben, unbeachtet.

Durch unser Dach fällt eine Bombe, reißt ein Loch in unseren Fußboden im Wohnzimmer, stürzt bis in den Keller – und explodiert nicht.

Jahre später räumt der Sohn des Schlachters, der unter uns seinen Laden hat, den Keller auf und findet in einem großen Berg Sägemehl die Bombe – ein Blindgänger.

Ich gehe an der Hand meiner Mutter. Mein Vater ist eingezogen, aber aus Krankheitsgründen nicht an der Front, sondern in eine Schreibstube abkommandiert. Wir ziehen einen Handkarren, quietschend. Darauf einige Habseligkeiten. Nur raus aus Fulda! Ich blicke zurück: Der Himmel ist rot. Fulda brennt.

Meine Mutter muß als Organistin öfter als sonst in die Kirche, für ein Requiem, eine Totenmesse. Es ist ja Krieg.

Bei Sirenengeheul durchfährt es mich heute noch.

Ihr habt sicher gemerkt, daß ich in einem anderen Ton gesprochen habe. Es ging nicht anders.

Aber es gibt auch diese Szene: Ich hüpfe fröhlich neben meiner Mutter her, halte ihre Hand und singe laut:

„Die Welt ist wunner-wunnerbar!" Da sagt meine Mutter: „Kind, was weißt du denn schon von der Welt!"

Ihr seht, inmitten des Kriegsgetöses: diese Unbekümmertheit von Kindern, Hauptsache, da ist die Hand der Mutter, dann ist alles gut, dann ist die Welt wunner-wunnerbar…

Und nun wieder in die Kirche: Meine Mutter ist bei einer Probe mit dem Chor. (Ich werde jetzt wieder normal sprechen.) Ich bin vier Jahre alt, habe Sehnsucht nach meiner Mutter, ziehe mich an, so gut ich es kann, und gehe los: über die Leipziger Straße, damals noch schmal und wenig befahren, dann die Blücherstraße runter (Fuldaer können den Weg verfolgen), dann schräg nach rechts, an einem kleinen Spielplatz vorbei, zur Josefs-Kirche, die breiten (und für mich hohen) Stufen stappse ich empor, ich kenne den Eingang, beim Öffnen der großen Tür (der Griff ist recht hoch für mich) muß ich mich sehr anstrengen, aber ich will ja zu meiner Mutter.

Die Treppe zur Empore hoch kenne ich, erwarte, daß oben, wie schon oft, meine Mutter allein sein wird, ich den brausenden Orgelklängen zuhören könnte, still dabei sitzen – doch sie ist nicht allein, der Chor ist da.

Oh Schreck! Ich fasse mir ein Herz, strebe auf meine Mutter zu: „Zu dir! Zu dir!" – Ihre Rührung könnt ihr euch vorstellen. Da kommt ihre Kleine über die zwei Kilometer Entfernung alleine an, irgendwie angezogen, das Höschen ist heruntergerutscht, ausgestreckte Ärmchen: „Zu dir! Zu dir!"

Meine Mutter erzählt später gerne diese Geschichte und wie der Chor auch von Rührung ergriffen wurde.

Wir bleiben noch auf der Empore: Meine Mutter ist eine ganz Tapfere, spielt Orgel selbst bei hohem Fieber, hohem Blutdruck, mit Wundrose in den Beinen. Sie ist auch auf das bißchen Entgelt angewiesen, mit ihrem Klavierunterricht kann sie unsere dreiköpfige Familie gerade über Wasser halten.

Die Sorge um das Geld hat mich immer begleitet: Reicht es am Monatsende für die Bezahlung der Miete an unseren Hauswirt, den Schlachter unten? – Mein Vater schickt absichtlich mich mit dem Geld runter, weil ich als kleines Mädchen dann ein Stückchen Wurst vielleicht bekomme, für ihn natürlich, ich bin inzwischen, mit zwölf Jahren, Vegetarierin geworden. Wie das?

Gut, dann schiebe ich das jetzt ein: Der Schlachter mit seinem Schlachtergeschäft unter uns schlachtet tatsächlich selbst. Wenn ich aus meinem Fenster den Blick habe auf den Innenhof, so sehe ich dort die halbierten Schweine, wie sie zum Ausbluten aufgehängt sind. Über dem Betonboden fließt das Blut in einen Abfluß. Im Winter, bei Kälte, dampfen sie noch.

Wie wird euch da zumute? Ich jedenfalls, zwölf Jahre alt, kann das nicht ertragen: Sie waren ja gerade noch lebendig!

Und dann betrachte ich meine Hände, die Adern, die Sehnen – auch alles lebendig, wie bei den Tieren, und so kommt mir Fleischessen fast wie Kannibalismus vor – ich sage es einmal so deutlich – es hat mich sehr beschäftigt, ich möchte niemanden beeinflussen, es kann sich jeder seine eigenen Gedanken machen, ich erzähle es nur so, wie ich es empfinde.

Mein ganzes weiteres Leben habe ich mich damit gut gefühlt, gesund, leicht. Allerdings macht mir die Umwelt, die Verwandten, Bekannten, das Leben schwer, indem sie immer wieder mich befragen: „Warum ißt du das nicht?"

Und wie soll ich, noch als Kind, eine gescheite Antwort geben, daß sie mich verstehen? Aber da ist, wenn wir an heute denken, ja viel passiert, es gibt viele vegetarische Restaurants, auf Flügen kann man entsprechend vorbestellen, und manche Kinder – vorwiegend Mädchen, das weiß ich aus meiner Berufszeit als Kunsterzieherin – kommen zu mir, die wissen, daß ich mich vegetarisch ernähre, und bitten, „Können Sie nicht meiner Mutter was sagen? Ich möchte das überhaupt nicht, es sträubt sich in mir etwas!" – Natürlich konnte ich diesem Wunsch nicht entsprechen, tröstete sie aber: „Wenn du älter bist, kannst du das selbst entscheiden!"

Auf jeden Fall ist das Thema ‚Ernährung' für mich mein ganzes Leben lang wichtig, und ich weiß, in welchem Maße die Gesundheit davon abhängt. Der eigene Weg zum Heilwerden kann sehr positiv verlaufen bei einer reinen, gesunden Ernährung: ‚Nahrung als Heilmittel' ist inzwischen allgemein anerkannt, und so liegen für mich die schwierigen Anfangsjahre mit einer unverständigen Umgebung weit zurück.

Und um es noch ein bißchen zu vertiefen: Es geht mir nicht nur um den gesundheitlichen, sondern auch den ethischen Aspekt. Vielleicht werde ich die Gelegenheit haben, im weiteren Verlauf dieses Erzählens dies noch zu erweitern, in eine andere Ebene hinein.

Nach diesen Anmerkungen, ausgelöst durch den Schlachtbetrieb unter uns, gehe ich wieder zurück in meine Kindheit.

Ich bin vier Jahre alt, bin am Einschlafen. Da sehe ich vor mir eine Gestalt, ganz klar und deutlich, wie ich sie von kleinen religiösen Gebetskärtchen her kenne: Jesus mit dem offenen Herzen, eine sehr bekannte Darstellung, auch mir sehr vertraut. Jesus winkt mir zu, ich solle zu ihm kommen.

Ich nehme das ganz selbstverständlich als eine Aufforderung, ihm zu folgen, und meinem kindlichen religiösen Verständnis bedeutet dies: mit ihm in den Himmel zu gehen, also aus irdischer Sicht: zu sterben.

Das akzeptiere ich völlig bereitwillig, sage: „Ja, ich komme. Ich möchte aber mich vorher noch von meinen Puppen verabschieden!"

Dazu muß ich durch unser Wohnzimmer in einen Raum dahinter, verlasse also mein kleines Schlafzimmer und gehe zielstrebig geradeaus durch das Wohnzimmer. Meine Eltern sitzen leise plaudernd auf dem Sofa, sind ins Gespräch vertieft, ich gehe an ihnen vorbei in das Zimmer dahinter und verabschiede mich von meinen Puppen, leichten Herzens, denn mit Jesus zu gehen ist doch ein Wunsch aller Kinder.

Auf dem Rückweg durchs Wohnzimmer wird meine Mutter auf mich aufmerksam, schaut mich an, sagt zu meinem Vater: „Wie sieht das Kind denn aus?! Komm zu mir, du kannst dich hier neben mich aufs Sofa legen und weiterschlafen!"

Ich schmiege mich an sie, sie deckt mich liebevoll zu, ich spüre ihre Wärme, und von der ursprünglichen Absicht, mit Jesus zu gehen, ist nichts mehr in meinem Bewußtsein. Ich schlafe tief und friedlich.

Daß meine Mutter mir wahrscheinlich damit das Leben gerettet hat, wird mir erst Jahre später bewußt. Wir bitten in der geistigen Welt um eine Erklärung dieses Vorgangs. Und das für uns Überraschende ist, daß in der Antwort davon gesprochen wird, daß solche Erscheinungen manchmal Verkleidungen sind von dunklen Kräften, die dies mir vertraute Bild der Jesusgestalt benutzten, um mich vom Leben abzuziehen, so, wie es tatsächlich unerklärliche Todesfälle von kleinen Kindern gibt, ohne erkenntliche Ursache, sogenannter ‚früher Kindstod'.

Dies sehe ich im Zusammenhang mit späteren Ereignissen, wo nicht nur einmal mein Leben hätte beendet sein können, doch immer wieder wurde ich ‚auf wundersame Weise' gerettet.

Wir bleiben noch in meiner Kindheit. Ich bin ja ‚Einzelkind' – ich sage es absichtlich mit Anführungsstrichen, denn so heißt es manchmal: „Ja, du als Einzelkind!" – Und gemeint ist natürlich damit: verwöhnt sein. Das macht mir zu schaffen, denn ich empfinde es nicht so, meine Mutter ist einfach liebevoll, sehr um mich besorgt.

Ich knüpfe daran an; ich wünsche mir Geschwister, um nicht ‚Einzelkind' zu sein. Und in meinem frühkindlichen Verständnis glaube ich – ich weiß nicht, woher ich das habe – daß, wenn man einen Groschen in einen Blumentopf legt, man ein Schwesterchen oder ein Brüderchen bekommt.

Voller Vertrauen in diesen Glauben sage ich meiner Mutter, als ich einen Groschen in einen Blumentopf gelegt habe, voller Überzeugung: „Ich bekomme ein Geschwisterchen!" Meine Mutter – könnt ihr euch vorstellen – reagiert ganz erstaunt: „Woher weißt du das denn? Ich weiß nichts davon!"

In meiner Kindheit begleiten mich ständig die Klavierklänge des Unterrichts mit meiner Mutter, hinter einer breiten Glasschiebetür. Das hat zur Folge, daß ich lerne, vollkommen abzuschalten, um trotz dieses ‚akustischen Ambientes' in Ruhe meine Hausaufgaben machen zu können.

Ich bin ein stilles, ruhiges Kind, kann gut für mich sein, meine Mutter ist ja am Unterrichten, sei es hier zuhause oder im Internat der Marienschule; der Vater, ebenfalls still und zurückgezogen, liest in der Bibel oder in der Zeitung.

So bildet sich heraus, daß ich mich daran gewöhne, schweigsam zu sein, so schweigsam, daß meine Mutter einmal zu mir sagt: „Wenn du all das, was du nicht gesprochen hast, einmal noch sagen mußt, kriegst du noch Fransen an den Mund!" – Typisch meine Mutter!

Welchen starken Charakter sie hat, merke ich, wenn wir in die Stadt gehen: Da nimmt sie kein Blatt vor den Mund. Wenn ein Autofahrer neben einem Zebrastreifen ihr nach ihrer Meinung zu Nahe kommt, sagt sie dem Fahrer: „Wir, die Fußgänger, waren eher da!" und schimpft noch ein bißchen. Ich bin neben ihr, und das ist mir manchmal peinlich. Ich würde mich sowas nie trauen.

Aber ich sehe darin auch, daß sie ‚ein freier Geist' ist, souverän, unabhängig. Und ich erkenne darin ihre innere Kraft, sich von Autoritäten nicht einschüchtern zu lassen. Selbst dem Pfarrer hat sie – ich wieder an ihrer Hand – die Meinung gesagt, weil er sie als Organistin benachteiligt hatte mit der Vergabe von Messen, wo sie spielen könnte, nur, weil sie eine Frau ist.

Als er ihr, als eine wohlwollende Geste, einen zwanzig Markschein in die Hand drücken möchte, sagt sie: „Behalten Sie ihr Geld, ich brauche kein Almosen, ich möchte Orgel spielen!"

Er hat nämlich verlauten lassen – haben wir über Verwandte erfahren – sie würde auf keinen Hochzeits-Gottesdiensten mehr spielen. Was für eine Intrige – und das von einem Pfarrer!

Ihr merkt, die Verbindung zwischen meiner Mutter und mir ist sehr eng. Was ich an ihr besonders schätze ist, daß sie so herzhaft lachen kann. Und gemeinsames Lachen ist etwas sehr Verbindendes.

Welches Thema ich noch nicht berührt habe, was aber in meiner frühen Kindheit ein Herzensanliegen ist: das

Malen. – Ja, ich weiß schon mit vier, fünf Jahren: Ich werde Malerin!

Von meinem Zurückgezogensein, meiner Schweigsamkeit habe ich ja schon erzählt, und da ist es nur natürlich, wenn ich mich dem zuwende, was in einer kreativen Stille entstehen kann, auf einem Zeichenblatt, auf einer Leinwand: Bilder, die meinem inneren Empfinden entsprechen, in denen ich mich ausdrücken kann, ohne es in Worte fassen zu müssen.

So bahnt sich etwas an, was im Verlauf meines Lebens mich begleiten wird, sich auch beruflich als Kunsterzieherin auswirkt: andere, junge Menschen zu bestärken in ihren kreativen Fähigkeiten, über das Malen, Zeichnen zu sich selbst zu finden.

So fließt in meine Bilder das mit hinein, was schon in meiner Kindheit sich anbahnt: die innere Ruhe, das Bei-sich-Sein, die Kraft der Stille…

3. Jugend

Der Krieg ist vorbei, es ist Nachkriegszeit, Aufbruchstimmung, der Wiederaufbau beginnt. Man spricht in den Fünfziger Jahren vom ‚Deutschen Wirtschaftswunder' unter Ludwig Erhard, dem Wirtschaftsminister.

Wir merken nicht viel davon. Meine Mutter traut sich kaum, die Gebühr für eine Klavierstunde anzuheben. Wir kommen so gerade über die Runden. Wir leben bescheiden, einfach, Sparsamkeit ist angesagt: nichts vergeuden, alles wertschätzen, gerade aufgrund der Kriegserfahrungen.

Und etwas Anderes ist in mir entstanden: ein Grundbedürfnis, es möge alles heil sein, ganz, nach so viel Zerstörung. So achte ich darauf bei meinen Eltern, daß man sich nicht damit abfindet, wenn etwas kaputt gegangen ist, sondern ich möchte es in Ordnung bringen, reparieren, erhalten.

Es soll bitte keine Wegwerf-Gesellschaft aus uns werden! Nichts vergeuden! Sage ich noch einmal, weil mir das wichtig ist: der Wert der Dinge. – So zucke ich immer zusammen, wenn Günter einmal eine Tasse runterfällt. Er weiß, es ist ein Üben in Achtsamkeit. Alles achten!

So sind meine Kriegserfahrungen prägend für meine Grundhaltung dem Leben gegenüber: in einem umfassenden Sinn zum Heilsein beizutragen.

Ich wachse heran, bin als Heranwachsende in dieser schwierigen Phase, nicht mehr Kind zu sein und noch nicht

Erwachsene. Dabei treten Gefühle immer mehr in den Vordergrund.

Ich bin bei Verwandten mit meinen Eltern eingeladen, alles Erwachsene, meine Cousinen sind alle – weil ich so alte Eltern habe, gewissermaßen ein ‚Nachkömmling' bin – sind alle deutlich älter als ich, reden über anderes, kleiden sich anders, so gibt es wenige Berührungspunkte im Gespräch.

Ich ziehe mich aus der lauten Gesellschaft zurück, gehe in das Schlafzimmer meiner Tante und meines Onkels, stehe am Fenster, es ist Abend, draußen alles dunkel, aber da sind ja die Sterne. Ich liebe es, zu den Sternen emporzuschauen.

So stehe ich da, in mich gekehrt, lenke meinen Blick zu diesem Stern, zu jenem, lasse meinen Gefühlen freien Lauf. Es schwingt in mir Wehmut mit, ein bißchen Traurigkeit.

Doch ich merke auch, daß ich in diesem Alleinsein ganz bei mir sein kann, mich fragen kann: Wer bin ich? – Einmal in mich hineinlauschen, ohne Ablenkung von außen – und da entsteht in mir, beim Blick hinaus in die Weite, die Unendlichkeit des Firmaments, ein Empfinden dafür, daß wir in etwas ganz Großes eingebunden sind, nicht verloren sind. Ich lebe ja! – Darf Gefühle, darf Sehnsüchte haben…

Zum Glück habe ich ja das Malen. Da kann ich auch ganz bei mir sein, allein sein. Ja, das Allein-Sein, das In-sich-Ruhen, das ist wohl Teil meines Lebens, bis – ja, ich springe ein bißchen in die Zukunft – bis Günter als mein

Lebensbegleiter in mein Leben tritt und genau so gern allein ist: gemeinsam schweigen, in vollkommener innerer Übereinstimmung sein und dabei in der Gegenwart des anderen sich wohlfühlen – was gibt es Schöneres?

Wir Beide wissen auch, daß wir nie wirklich ganz allein sind; wir haben ja immer unseren Schutzengel und Geistigen Leiter an unserer Seite.

Ich bin vorausgeeilt, kehre wieder zurück in meine Jugend und möchte eingehen auf etwas, was – ohne daß ich es ahnen kann – in meinem weiteren Leben eine große Bedeutung bekommen wird.

Mein Vater kennt einen katholischen Missionar, Pater Schäfer, der in Paraguay in einer Missionssiedlung im Urwald Kinder betreut und von seinen Besuchen in Deutschland gerne Kleidung für diese Kinder mitnimmt, so auch von mir ein paar Kleidchen.

Bei seinem nächsten Besuch zeigt er mir kleine Schwarz-Weiß-Fotos von Kindern, die meine Kleidung tragen. Das rührt mich sehr an, bewirkt in mir etwas, und ich – als fromm erzogenes Kind – lege ihm heimlich ein Zettelchen in sein Gebetbuch mit den Worten: „Bete bitte für mich, daß ich in Südamerika Missionarin werden kann."

Wenige Tage später kommt in mir der Gedanke auf, er solle das doch nicht wissen, das ist zu persönlich, und nehme den Zettel wieder raus – ob er ihn entdeckt hat, weiß ich bis heute nicht. Ausgewirkt hat er sich in jedem Fall!

Meine Mutter bleibt weiterhin der wichtigste Bezugspunkt für mich, so wende ich mich ihr wieder zu. – Vom Internat war ja schon die Rede. Es gehört zur

Marienschule, dem einzigen reinen Mädchengymnasium in Fulda, und sie kommt dann oft am späten Nachmittag müde nach Hause. Ich warte auf sie, brauche ihre Gegenwart, den Austausch mit ihr.

Wenn dann ihre Ankunftszeit sich verzögert, weil sie nach dem Unterricht noch den Schülerinnen zuhört, wie sie sich über so manches im Internatsleben beklagen – meine Mutter ist zu einer Art ‚Beichtmutter' geworden, der sie ihr Herz ausschütten – wenn es dadurch also immer später wird, ich warte und warte: „Mutti, wann kommst du denn endlich!" – dann steigen in mir schon Empfindungen auf, die man ‚Eifersucht' nennen kann.

Denn diese abendliche Stunde mit meiner Mutter ist mir sehr kostbar, die einzige Gelegenheit, zusammen zu sein, auszutauschen – ich habe ja auch einiges auf dem Herzen, genauso wie die Mädchen im Internat!

Sie macht das dann aber immer wieder gut durch ihre Herzlichkeit, ihre Zuwendung, ihre Umarmung. – Ähnlich ist es, wenn sie zuhause Unterricht gibt: Ich höre die Klavierklänge, sie verstummen, es ist also Schluß, aber dann unterhält sie sich noch! – Nicht immer, weil sie selbst zu müde ist, aber doch manchmal.

Und da muß ich auch wieder mit meinen Gefühlen zurechtkommen, Verständnis dafür haben, daß sie das Gespräch mit der Schülerin nicht verweigern möchte, eben Mitgefühl hat und mit lieben Worten helfen möchte. – Oh, immer wieder Gefühle!

Was meine Mutter besonders gut kann: Erzählen. Das sind mit die schönsten Momente, wenn sie aus ihrer

Kindheit erzählt: Sie ist in Dresden aufgewachsen, hat in Leipzig studiert und ist 1935, wegen der Hochzeit mit meinem Vater, der aus der Rhön kommt, nach Fulda gezogen, in diese Wohnung hier, über dem Schlachter.

Das Sächsische merkt man ihr noch ein bißchen an, das klingt ganz gemütlich. Günter hat später behauptet, ich würde auch ein bißchen Sächseln. Er würde das merken beim Aussprechen der Buchstaben ‚G‘ und ‚K‘ und dann noch ‚D‘ und ‚T‘, z.B. bei dem Wort ‚Kaum‘, das klingt dann wie ‚Gaum‘, oder bei dem Wort ‚Dresden‘, da würde ich ‚Trästen‘ sagen. Ich kann das nicht beurteilen, man findet sich selbst immer ‚ganz normal‘.

Zu Erzählungen meiner Mutter: Sie ist im Winter bekannt als ‚die Eiskunstläuferin‘, die auf dem See im Stadtpark in Dresden ihre Runden dreht. „Guckt mal, da ist die Eiskunstläuferin!" hat sie natürlich gerne gehört.

Sie kann auch frech sein: Wenn zwei Herren mit Hüten – wie allgemein üblich, wenn man raus geht – auf einer Bank sitzen, ist sie – so erzählt sie's – von hinten rübergesprungen (sie ist so sportlich), hat ihnen die Hüte vom Kopf geworfen und ist lachend weggerannt. Und das ist meine Mutter!

Besonderen Spaß macht es ihr, die Geschichte zu wiederholen, als sie in ein Internat in Bayern geschickt wird (ob die Eltern mit ihr nicht zurechtkommen?). Dort schlafen viele Mädchen gemeinsam in einem großen Schlafsaal, die Betten voneinander getrennt nur durch einen dünnen Vorhang, zur Wahrung von ein bißchen Intimität.

Und was denkt sich da meine Mutter aus? Unter den Betten stehen Nachttöpfe. Die werden alle (als sie noch leer sind) mit Bindfäden verbunden, die in der Mitte zusammenlaufen, und dann an der Türklinke angebunden, der Eingangstür, die nach außen aufgeht.

Dann machen die frechen Mädels solches Gekreische, daß es nicht lange dauert, bis von einer wachhabenden Schwester die Tür erregt aufgerissen wird: „Was ist denn hier los!" – Und da purzeln alle Nachttöpfe mit lautem Geschepper zur Mitte, prallen aneinander zum Gaudi der Mädchen. – Was das dann für Folgen hat, erzählt mir meine Mutter nicht.

Aber in dem Zusammenhang gibt sie doch noch etwas preis: Bei einer Abschiedsveranstaltung singen die Mädchen für sie folgenden Reim:

„Das Dresdner Dirndl
hat nur Flausen im Gehirndl!"

Da muß ich herzhaft lachen. Meine Mutter auch. Sie kann so schön lachen.

Und ich ihr braves Kind. Was sie sich erlaubt hat, darf ich alles nicht. Ein Beispiel: Ich habe das alte Fahrrad zurecht gemacht, schön geölt, alles überprüft, bin damit losgefahren, komme nach einer halben Stunde wieder, da sitzt sie schweißgebadet auf dem Sofa und sagt: „Kind, das tust du mir nicht noch einmal an! Ich habe solche Angst um dich gehabt!"

Oh ja, sie hat sich immer sehr um mich gesorgt, das muß ich verstehen. Sie ist froh, mich so gut auf die Welt gebracht zu haben und möchte mich vor Unheil bewahren.

Sie hat mir ja auch zweimal das Leben gerettet, einmal die Geschichte mit der Jesus-Erscheinung, und das zweite Mal kommt noch (im Bunker).

Um sie mußte ich mir aber auch Sorgen machen wegen ihrer Gesundheit: hoher Blutdruck, Wundrose. Sie schleppte sich manchmal nur so hin zum Internat (immer zu Fuß, halbe Stunde Weg) und sagte mir: „Wenn ich nicht wiederkomme, du weißt, der Schmuck liegt da, das Geld dort…" Für mich ist das nicht so einfach, diese Ankündigung: „…wenn ich nicht wiederkomme…" Was löst sie da in mir aus?

Sie erzählt auch gerne von ihrem Vater, meinem Großvater, den ich nie kennenlernte, weil er schon 1927 starb. Er ist Lehrer an der Kadettenschule in Dresden, malt und zeichnet viel, entwirft Illustrationen für ein Biologie-Buch, ist bekannt als der ‚Äppelfresser‘, da er gerne Obst ißt und auch seine Tochter und deren jüngeren Bruder dazu bewegen möchte. Er gibt ihnen einen Groschen, wenn sie Obst gegessen haben.

Und was machen die beiden Rangen? Gehen mit diesem Geld heimlich zur Würstchenbude… Ja, ja, meine Mutter!

Das Malen schreitet weiterhin voran. Ich sitze vor meiner Staffelei, habe vor mir einen Spiegel und traue mich an ein Selbstportrait. Das ist gar nicht so einfach, es soll ja möglichst ähnlich werden. Beim längeren Betrachten und Übertragen auf die Leinwand kommt mir der Gedanke: Wie wird wohl dieses Gesicht da im Spiegel im Alter aussehen? Mit wieviel Falten, mit welchen Veränderungen?

Ich beschäftige mich viel damit, was alles noch vor mir liegt – Schweres, Leichtes, Schönes, Freude, Leid? Bis jetzt bin ich von Leid verschont geblieben, auch die Kriegserlebnisse hinterlassen in mir keine Spuren, ich fühle mich behütet, nicht nur von meiner Mutter, sondern auch von lichten Wesen um mich. Doch welche Zukunft liegt wirklich vor mir?

Die Schule spielt in dieser Zeit keine Rolle. Ich ärgere mich nur manchmal über vorlaute Klassenkameradinnen, die sich dauernd melden, nur um Beachtung zu finden; sie stellen Fragen um der Fragen willen. Ich melde mich lieber erst dann, wenn ich genau weiß, daß die Antwort richtig sein wird – und dann sind die anderen natürlich schneller gewesen. Kennt ihr sowas auch?

Das Thema ‚Schule' geht nahtlos in das Thema ‚Studium' über (schon rein chronologisch), und so werde ich nun damit beginnen.

4. Studium

Wie ihr wißt, steht für mich schon seit Kindesbeinen fest: Ich werde Malerin. Und da ich es gar nicht abwarten kann, mit der Ausbildung zu beginnen (bisher habe ich es mir ja selbst beigebracht, hab einfach angefangen), melde ich mich, ohne meinen Eltern etwas davon zu sagen, bei der Staedel-Schule in Frankfurt, einer Kunstschule, an.

Ich bin sechszehn Jahre alt, möchte nach der Mittleren Reife, also nach der 10. Klasse, abgehen, um mein Ziel zu verwirklichen.

Von der jetzigen Schule abzugehen, das muß ich natürlich meinen Eltern verkünden und dann auch noch meine Anmeldung beichten. Meine Mutter ist entsetzt: „Kind, du weißt ja gar nicht, was das bedeutet. Damit wirst du nie dein Brot verdienen können. Wir haben ja nicht viel Geld, aber das Einzige, was wir dir mitgeben können, ist ein richtiges Studium, nach dem Abitur."

Und dann erzählt sie, wie wichtig es ihr war, damals in Leipzig im Konservatorium mit einem Studium zu beginnen, mit einer richtigen fundierten Ausbildung, erst als Geigerin, womit sie schon sehr weit gekommen war, dann mit Klavier bei Professor Robert Teichmüller, einem bis heute sehr bekanntem Klavierlehrer, in weiser Voraussicht, eher als Klavierlehrerin ihren Unterhalt zu verdienen, mal eine Familie ernähren zu können als mit Geigenunterricht.

Und sie erzählt weiter, daß sie bei ihm eine sehr gute Schülerin geworden sei, ihre Noten bei Prüfungen waren entweder 1 oder 2, daß sie als Pianistin aufgetreten sei, bei Benefiz-Konzerten mitgewirkt, Sänger bei Schubert-Liedern begleitet und so ihr Leben ganz der Musik gewidmet habe, aufgrund dieser gründlichen, anspruchsvollen Ausbildung.

„Nein, Kind", sagt sie zum Abschluß, „ich werde es nie zulassen, daß du jetzt abgehst. Du würdest eine Riesen-Chance verpassen. Du wirst mir noch dankbar sein, daß ich als deine Mutter jetzt darauf bestehe!"

Ich bin ihr nicht dankbar, im Gegenteil, böse, ja, ich bin meiner Mutter böse, mir diesen Weg zu dieser Zeit zu verbauen. Ich gehorche ihr, muß die Anmeldung (ich habe schon eine Mappe mit Beispielen meines Malvermögens nach Frankfurt geschickt) rückgängig machen und mich einstellen auf noch drei Jahre Schule. Drei Jahre! Wie lang werden die mir vorkommen!

Um es vorwegzunehmen: Natürlich bin ich ihr später sehr dankbar, mich gezwungen zu haben, durchzuhalten und ein richtiges Kunststudium an der Kunstakademie in Kassel begonnen zu haben und dann als Kunsterzieherin tatsächlich für die spätere kleine Familie sorgen zu können.

Aus einer anderen Hinsicht bin ich dann auch froh, noch weiterhin Schülerin zu sein: Wenn uns mal abgegangene Klassenkameradinnen besuchen, stelle ich fest, wie sie sich verändert haben. Sie verdienen ja jetzt Geld, arbeiten als Verkäuferin oder in einem Büro, kleiden sich anders, wirken erwachsener, schminken sich (was mein ganzes Leben lang für mich nicht in Frage kommt), reden anders, während wir als Schülerinnen etwas Kindliches im positiven Sinn bewahrt haben, nicht angepaßt sind an die Berufswelt draußen.

Ja, das merke ich schon, daß ich im ‚Schonraum Schule' mir manches bewahren kann, in behutsamer Weise heranwachse und durch die Inhalte in diesen drei Jahren bis zum Abitur mich geistig angeregt fühle, auch mit philosophischen Themen in Berührung komme, die mich faszinieren und zum Glück noch nicht auf nur praktische Nutzanwendung abzielen.

Dieses in diesem Kapitel bisher Erzählte hätte noch unter die Überschrift ‚Jugend' gehören können, aber es dient auch als Einführung in das, was dann mein Studium ausmacht, und vor allem zeigt es die Weitsicht meiner Mutter, indem sie so strikt auf einem richtigen Studium bestand.

Wo dies beginnt, habe ich schon erwähnt: die Kunstakademie in Kassel, zuerst noch ‚Werkakademie' genannt. Ende der fünfziger Jahre ist sie untergebracht in alten Kasernen, es ist immer noch Übergangzeit nach dem Krieg, aber das hat den Vorteil, daß es große leere Räume sind, für jeden von uns ein schönes Atelier, und die Einfachheit hat auch ihr Gutes: Nichts ist, wie in dem späteren architektonisch sehr schönen Neubau unten in der Aue, perfektioniert, mit Erleichterungen jeder Art für die Studierenden, sondern eher primitiv in der Ausstattung, und das ist gut so. Es ist Aufbruchstimmung.

Damit hat eine Zeit begonnen, in der ich von Zuhause weg bin, nicht mehr in der Obhut meiner Eltern, sondern auf mich gestellt. Ich wohne in einem Gartenhäuschen, zusammen mit anderen Studenten, in einem verwilderten Garten, vermietet für wenig Geld von Gustav, der um die Ecke eine Kneipe hat. Die ist Treffpunkt für uns Studenten, denn die Akademie ist ganz in der Nähe.

So beginnt für mich ein ganz anderes Leben. Ich muß ja jetzt selbständig sein, ich nabele mich ab, fahre wohl noch manches Mal am Wochenende von Kassel nach Fulda zu meinen Eltern, aber es ist jetzt anders: Ich habe meine eigene neue Lebensumwelt, die Eltern sind nicht mehr der Hauptbezugspunkt.

Und das merke ich auch daran, daß ich nicht möchte, daß sie in mir das Kind, die Jugendliche sehen wie früher. Ich wachse hinein in mehr Selbstbestimmung, möchte nicht mehr ‚bemuttert‘ werden, und so gibt es manchmal Spannungen, so daß ich gerne dann wieder zurück nach Kassel fahre, zu den neuen Kontakten, Mitstudenten mit einer anderen Art zu leben.

Und in diesem neuen selbständigen und damit freieren Leben gehört auch das Kennenlernen meines ‚Zukünftigen‘, ja, das ist eine mich immer noch sehr berührende Geschichte, wie wir uns kennengelernt haben.

Wenn ihr neugierig seid, muß ich euch bitten, bis zum 6. Kapitel, ‚Ehe‘, Geduld zu haben, da werdet ihr in der diesem Thema entsprechenden Gründlichkeit alles erfahren. Jedenfalls schon mal vorweg: Wir sind seit Mai 1964 verheiratet, er ist deswegen von der Kunsthochschule von Hamburg hierher zu mir gewechselt, um bei mir zu sein und sein Studium fortzusetzen.

Diese Anfangszeit unserer Ehe fällt zusammen mit meinem Examenssemester. So bekommt er meine Vorbereitung auf die abschließenden Prüfungen mit, kann mich in meinem Atelier besuchen, erlebt, wie meine Bilder entstehen, freut sich an diesem völlig neuen gemeinsamen Leben mit gemeinsamen Interessen, und genau wie ich hat er gar keine Sehnsucht nach ‚früheren Zeiten‘ mit Eltern. Wir haben uns ja jetzt!

Damit sind wir schon in meinem letzten Semester, doch ich muß ein bißchen zurückgehen in der Zeit, damit der Zusammenhang klar wird, nämlich zu den zwei Jahren davor.

Ich habe das Glück, nach der Werklehre mit den Fächern Buchbinden und Keramik einen Lehrer für diese zwei Jahre Hauptausbildung im Malen zu bekommen, der ein Schüler vom Bauhaus ist (nicht zu verwechseln mit dem Baumarkt gleichen Namens), und damit Schüler von Klee und Kandinsky, zwei der wichtigsten Maler der ersten Hälfte des 20. Jahrhunderts, die die Moderne Malerei geprägt haben.

Mein Lehrer heißt Fritz Winter, ein ernsthafter, ruhiger, in sich gekehrter Mensch, der mir in seiner behutsamen, stillen Art entspricht. Und er versteht auch mich, begleitet mich mit vorsichtigen Ratschlägen, schaut zu, wie über die zwei Jahre sich bei mir eine bestimmte Art des Malens entwickelt, hin zu klaren, einfachen Kompositionen, zu sensibler Farbgebung, erkennt, worum es mir in meinen Bildern geht: nicht um Aufregendes, Lautes, sondern eher um zarte Nuancen in einer hellen Farbpalette, die die Bilder meditativ wirken lassen, in dem Sinne, daß es nicht um eine bestimmte ‚Bedeutung‘ des Bildes mit tiefgründigem Inhalt geht, sondern um eine Wirkung, der sich der Betrachter nur zu öffnen, hinzuspüren braucht, wie sich die Ruhe des Bildes auf ihn überträgt.

Das hat etwas mit Sensibilität zu tun, und mein Lehrer Fritz Winter ist sehr sensibel, kann deswegen den Charakter meiner Bilder erkennen und anerkennen. So fühle ich mich die zwei Jahre dieser Hauptausbildung sehr wohl, möchte auch diese Zeit des ‚Zu-mir-Kommens‘ nicht missen.

Nach diesen sehr positiven Äußerungen werdet ihr verstehen, daß ich um so betroffener bin von dem, was dann nach der Abschlußprüfung, einen Tag lang malen, geschieht: Die Noten werden vorgelesen, Grafik, Drucktechniken, Schrift, alles im guten Bereich, dann die für mich wichtigste Note, Künstlerisches Hauptfach: ‚ausreichend‘!

Ich glaube, mich verhört zu haben. Meine Mutter hatte mir übermittelt, sie hätte von einem befreundeten Kunsterzieher, der den Ausbilder der Vorlehre, Ernst Röttger, gut kennt, gehört, dieser hätte ihm gesagt: „Die Ellinor macht ein gutes Examen!“

Und nun dies: ‚ausreichend‘! Wenn ich ein bißchen spöttisch wäre, würde ich sagen: Es reicht aus – zum Bestehen! Aber mehr auch nicht!

Oh, was kommen da für Gefühle in mir hoch. Was für eine Enttäuschung! Ich will es wirklich nicht glauben, renne zur Sekretärin, die die Noteneinsicht schon vorher hatte: „Stimmt das?" – „Ja, ich durfte es bloß nicht vorher sagen. Es stimmt. Ich wußte, wie sehr es Sie treffen würde und hatte schon vorher Mitleid mit Ihnen, nach all den positiven Bestärkungen vorher, auch von anderen Professoren!"

All mein Streben, all das, was ich in meine Bilder hineingelegt habe – alles mit dieser Beurteilung? Oh, was für eine Enttäuschung! Wie soll ich damit zurechtkommen?

Auf der Treppe begegne ich meinem mir vor Kurzem Anvertrauten, falle ihm schluchzend um den Hals, er weiß noch von nichts – „Eine Vier!" sage ich nur, „Das kann doch nicht stimmen, erst immer wieder Lob, das kann man mit Menschen nicht machen!" Und ich muß wiederholen: „Das kann man mit Menschen nicht machen!"

Ich eile zu meinem Lehrer Fritz Winter, er sieht bedrückt aus: „Ich bin mit meiner Meinung in dem Gremium nicht durchgekommen. Ich habe zu Beginn beim Betreten Ihres Ausstellungsraumes erstmal die Bilder wirken lassen wollen, nichts gesagt, doch dann hat Professor Bode sofort losgedonnert: ‚Da fehlt ja Farbe! Was sieht man da denn überhaupt? Da müßte ein roter Farbklecks drüber!' Da war schon gleich eine bestimmte Richtung vorgegeben, ich wollte dagegenhalten, auf den besonderen Charakter ihrer Bilder eingehen, doch da war es schon zu spät, eine Meinung war schon da, beeinflußte die anderen, und das Ergebnis kennen Sie ja; es tut mir sehr leid. Aber bestanden haben Sie ja!"

Dies ist kein Trost für mich, und auch nicht, als er ergänzt: „Sehen Sie mal hier auf der Dokumenta, wie groß kommt da Ernst Wilhelm Nay heraus, mit einem Riesen-Raum, und ich mit meinen Bildern in dem kleinen Raum dahinter!"

Wahrhaftige Anerkennung ist offensichtlich auf dem Gebiet künstlerischen Schaffens nicht zu erwarten, auch nicht Gerechtigkeit, geht es mir durch den Kopf. „Das ist ungerecht, das darf nicht sein!" muß ich ihm noch sagen.

Es schnürt mir die Kehle zu. Ich habe mich so mit meinen Bildern identifiziert, deshalb empfinde ich dieses abwertende Urteil auch als etwas, was mich selbst betrifft. Es ist ein Urteil über mich selbst, über mich als Mensch, so empfinde ich es. Die Bilder sind ein Teil von mir, geben etwas wieder, was ich bin. Sie entsprechen mir so sehr; wer mich wirklich kennt – ich betone, wirklich kennt – wird sagen: Ja, das ist Ellinor!

Doch das erfordert entsprechende Sensibilität, Feinfühligkeit, und in dem Dokumenta-Jahr ist vieles durch die vielen Ausstellungen über die Stadt Kassel verteilt, was spektakulär ist, Blickfang, was die Menschen aufregen soll – wo bleibt da der Sinn für das Stille, Sanfte, Leise…

Ich weiß, Fritz Winter ist selbst sehr betroffen, hat es doch auch mit ihm als meinem Lehrer zu tun. Ein bißchen tut es mir gut, daß er seine Anerkennung und positive Meinung über meine Bilder noch einmal betont.

Trösten will mich auch Günter: „Komm, du hast es geschafft, und die Note spielt später gar keine Rolle, du kannst deinen Beruf beginnen, und vor allem: Hauptsache, wir haben uns!"

Oh, wie viele Gefühle sind da in mir! Doch so einfach ist das nicht, die Enttäuschung sitzt tief.

Ich gehe einen großen Schritt in die Zukunft, ins Jahr 2018, als in einer großen Ausstellung im Vonderau-Museum in Fulda meine Bilder – nach so vielen Jahrzehnten – eine späte Würdigung erfahren, genau dieselben Bilder meiner Examens-Ausstellung, und Kunstkenner und Sammler sprechen mich an bei der Vernissage am Eröffnungstag: „Und das haben Sie im Jahr 1964 gemalt? Meine Anerkennung!" – Das tut mir natürlich gut, fühle ich mich doch so mit meinen Bildern verbunden, daß dies nun wie eine Wiedergutmachung ist.

Ich möchte es damit bewenden lassen mit dem Thema ‚Studium'. Und sicher ist die Erfahrung mit der großen, bitteren Enttäuschung etwas, was mir vor Augen geführt hat: Die Gefühle sind da, wie gehe ich damit um, um nicht darin zu versinken, wie wandle ich sie um, um innerlich heil zu bleiben...

So dient uns alles. Es dauerte, aber ich habe es geschafft, in meiner Mitte zu bleiben und mich mit positiven Gefühlen wieder aufzurichten, und dazu gehört die Beziehung zu Günter. Doch das kommt in einem späteren Kapitel (‚Ehe'), erstmal geht es chronologisch weiter mit dem Jahr 1962, dem Kapitel ‚Griechenland', ein Jahr, bevor wir uns begegneten, mein Mann und ich.

Dieses Kapitel bliebe unvollständig, würde ich nicht auch München erwähnen. Ja, München, ein Jahr bin ich dort an der Kunsthochschule, kehre dann aber wieder reumütig nach Kassel zurück. Ein Riesenbetrieb in München, in Kassel mit nur 200 Studenten kennt jeder jeden, herrscht ein vertrautes Verhältnis zu den Dozenten und Professoren, menschliche Wärme, in München kaum Gesprächspartner, meine Stimme rostet ein, beim Einkaufen in einem Geschäft erschrecke ich fast, meine eigene heisere Stimme zu hören – so wenig Kontakt!

Aber dennoch ist München wichtig für mich, allein schon, um Kassel um so mehr zu schätzen und zu erfahren, inwieweit ich in dieser Anonymität dort in München in meiner Mitte bleiben kann, ohne mich einsam zu fühlen, verloren. Mir wird bewußt, wie ich in meinen Kindheits- und Jugendjahren immer mehr zu mir selbst gefunden habe und was für einen Schatz ich in mir habe: meine innere Ruhe.

5. Griechenland

Im Unterschied zu den bisherigen Kapiteln erfordert diese Geschichte viel Konzentration, denn diesmal muß die Chronologie stimmen, haarklein, sonst purzelt alles durcheinander.

Ich habe mich ja manchmal zu kleinen Nebenwegen verleiten lassen, und der rote Faden war dann weg. Aber ich glaube, die zeitliche Reihenfolge ist mir diesmal sehr klar, also keine Angst, ihr – d.h. ihr Leser – werdet nicht durcheinander kommen, sondern alles schön miterleben: von – bis.

Oh, bei diesen beiden Worten (von – bis) stutzen vielleicht einige von euch, denken, das kenne ich doch als Titel aus dem zweiten Band ,Wundersame Erlebnisse'.

Ja, das ist richtig, da habe ich diese Begebenheiten schon mal erzählt neben anderen Geschichten, die Günter und ich gemeinsam erlebt haben, doch weil er nicht dabei war – wir kannten uns noch nicht – habe ich selbst sie euch erzählt, ansonsten ist er beim zweiten Band meistens der Autor.

Ich hoffe, ihr findet es nicht langweilig, die Geschichte nochmal zu hören, aber ich finde, sie gehört zu meinem Lebensverlauf, wie sich immer wieder die Ereignisse ineinanderfügen, und vielleicht mögt ihr ja doch mit wachen Ohren ein weiteres Mal euch darauf einstellen und neue Nuancen entdecken.

Die Geschichte fängt an mit der Toilettenfrau unterhalb der Akropolis von Athen. Ich will von hier zum archäologischen Nationalmuseum und frage die Toilettenfrau, welches wohl der direkteste Weg dorthin sei, natürlich zu Fuß. Ich laufe gern und viel.

Sie sagt, das sei viel zu weit, das kann man nicht zu Fuß machen. „Doch", meine ich, „ich bin schon ganz viel in Athen herumgelaufen!" Nein, sie protestiert, winkt einen Polizisten heran, der in der Nähe seinen Posten hat, erklärt ihm meinen Wunsch, und der sagt auch: „Viel zu weit!" Er telefoniert mit einem Freund, der würde mich abholen und hinfahren.

Welch Entgegenkommen! Und dann spendiert mir der Polizist – ein kleiner Mensch, so groß wie ich – einen frisch gepreßten Orangensaft an einem Saft-Stand. Sehr erfrischend! Ich nehme ihn dankend an, es ist ja auch noch Zeit, bis der Freund kommt. Und es ist heiß.

Mit dem Polizisten unterhalte ich mich ein bißchen mit meinem bisher gelernten Neugriechisch. Eine schöne Sprache, ich mag sie. Die Toilettenfrau, wir reden Englisch (hier muß sie das bei so vielen Touristen können), erzählt mir noch, dieser kleine Polizist sei ein ganz besonderer Mensch, der würde mal Politiker werden.

Der Freund des Polizisten kommt tatsächlich, er fährt mich bis zum Museum, der Saft hat mir gut getan. Ich habe als Kunststudentin dort freien Eintritt, habe mir vorher den entsprechenden Ausweis besorgt. Dann muß ich ergänzen, daß der Polizist mir noch gesagt hat, ich solle morgen Abend zum Odeion des Herodes Attikus kommen, einem römischen Freilichttheater unterhalb der Akropolis, er würde mir da eine Eintrittskarte für die Athener

Festspiele überreichen. Was für ein überraschendes Angebot!

Ich bin am nächsten Abend pünktlich da, er auch, und ich bekomme tatsächlich von ihm eine Eintrittskarte! Ich hatte auf eine griechische Tanz- oder Musikvorführung gehofft, doch es ist ein Gastspiel der Frankfurter Bühne mit einer Vorführung auf Deutsch.

Ich bin fast enttäuscht, bedanke mich jedoch für seine Großzügigkeit. Wie kommt er auch dazu, mir einfach (ich bin eine junge Touristin und wir schreiben das Jahr 1962) so etwas anzubieten? Die Toilettenfrau hatte noch gesagt, er sei ganz in Ordnung, ich könne ihm voll vertrauen.

Und wieder schlägt er etwas für den nächsten Tag vor: Ein anderer Freund würde mich zum Baden an den Strand südlich von Athen fahren, ich solle am nächsten Tag um 11 Uhr am Syntagma-Platz sein, dem zentralen Platz am Parlamentsgebäude. Den kenne ich gut, er ist für mich ein Orientierungspunkt im Straßengewirr von Athen.

Also neue Verabredung. Wie geht das weiter? Ich bin pünktlich am Syntagma-Platz, stehe an der verabredeten Stelle an einer Straßenecke vor einem Kiosk, doch niemand kommt.

Ich zögere: Was soll ich tun? Ich entschließe mich zu gehen, tue ein paar Schritte weg vom Kiosk, da kommt der kleine Polizist angerannt. Er habe mich die ganze Zeit von gegenüber, von einer Telefonzelle aus, beobachtet (Handys gibt's noch nicht, nur diese öffentlichen Telefonzellen an jeder Straßenecke).

Er sagt, er habe auf den Freund gewartet, ihn nochmal angerufen, aber der könne doch nicht, deswegen die Verspätung. Aber er wüßte noch etwas: Er wolle mich jemandem vorstellen.

Also geht die Geschichte doch noch weiter! Ich begleite ihn zu einem großen prachtvollen Gebäude. Marmoreingang, breiter Treppenaufgang, große Vorhalle mit Marmorfußboden, links und rechts einige Stühle mit Wartenden. Wir Beide nehmen auch Platz.

Er erklärt mir nicht, wo wir sind, was wir hier wollen, er sitzt einfach nur neben mir und freut sich offensichtlich über seine Idee, hierher zu kommen.

Ich beobachte die Szene: Eine große prächtig geschnitzte Holztür öffnet sich ab und zu, Menschen gehen hinein, kommen bald wieder heraus, eine elegant schwarz-weiß gekleidete Bedienstete kommt auf mich zu, grüßt den Polizisten höflich, reicht mir auf einem Tablett einen Eiskaffee.

Oh je, denke ich, den habe ich doch gar nicht bestellt, wie soll ich den bezahlen? Als Studentin habe ich nicht viel Geld, alles ist zusammengespart für diese Reise. Doch der Polizist beruhigt mich, es sei schon so in Ordnung.

Und dann begleitet er mich bis zu der großen Tür, sie wird von einem Bediensteten geöffnet, dem Polizisten wird freundlich zugenickt, er ist wohl recht bekannt hier, er bleibt zurück. Drinnen werde ich sehr freundlich in gutem Deutsch von einem würdig aussehenden Herrn begrüßt. Er war auf der Deutschen Schule in Athen, sagt er und drückt seine Freude aus, daß ich als Kunststudentin Griechenland besuche. Er fragt mich dieses und jenes, es ist ein richtiges persönliches Gespräch. Mir gehen viele Gedanken durch den Kopf wie: Ist das vielleicht der Bürgermeister von Athen? Die Toilettenfrau sagte ja, der Polizist wird vielleicht mal Politiker, und es kennen ihn so viele hier …

Der ‚große Unbekannte' – er hat sich nicht vorgestellt, dachte bestimmt, ich müßte doch wissen, wer er ist – verabschiedet mich mit aufmunternden Worten für meine Zukunft, wünscht mir alles Gute, erzählt mir noch, er würde morgen in die Schweiz reisen. In der Vorhalle erwartet mich wieder der kleine Polizist.

Damit ist es aber noch nicht zuende: Er möchte mich noch jemandem anderen vorstellen. Ich nehme alles, wie es kommt. Diesmal ist es ein kleines Haus in einer Nebenstraße, in das mich der Polizist begleitet, nicht so prunkvoll, nicht so viel Marmor.

Im Raum ist alles völlig anders: ringsum hohe Bücherwände, alles voller Bücher. Ein großer Schreibtisch in der Mitte, auch voller Bücher, und dahinter ein kleiner älterer Herr, auch so würdevoll, mit Zeitunglesen beschäftigt, legt die Zeitung beiseite, begrüßt den Polizisten an meiner Seite, sie wechseln einige Worte, auf Griechisch, wohl über mich: Es ergibt sich kein Gespräch, nur eine Begrüßung, gute Wünsche für meinen weiteren Aufenthalt in Griechenland, und das war's.

Wer ist das wohl? Was bedeutet das alles? All diese Wohltaten: der Orangensaft unten an der Akropolis, die Fahrt zum Museum, die Athener Festspiele, die beiden

Besuche bei zwei wohl wichtigen Menschen... Und auch noch der Eiskaffee in der Vorhalle, ich will ja chronologisch bleiben...

Damit ist die Episode mit dem Polizisten beendet. Ich bedanke mich mit meinem wenigen mir zur Verfügung stehenden Griechisch. Und damit könnte Schluß sein mit dieser Geschichte, allerdings ohne die Auflösung der rätselhaften Geschehnisse.

Kurz darauf bin ich in Nordgriechenland, an einem Strand der westlichen Halbinsel Chalkidike. Ich bin dort mit Studienkolleginnen aus der Kasseler Kunstakademie zu einem dreitägigen Zeltlager verabredet. Also zum Entspannen, Baden.

Wir werden am Strand von einem Boot aus von deutschen Jugendlichen angesprochen: „Habt ihr schon gehört, Karamanlis ist gestürzt worden, als er jetzt in der Schweiz war!"

Das geht mir durch und durch: Wie? Was? Karamanlis? Und die Schweiz? Ich kann es kaum glauben, aber die Toilettenfrau hatte mir ja schon gesagt, der Polizist sei etwas Besonderes, er wird mal Politiker. Hat der mich zum Ministerpräsidenten geführt? Und war dann der zweite Besuch bei dem Oppositionsführer Papandreu?

Ich habe nichts Eiligeres zu tun, als mir die nächste Zeitung zu ergattern, sehe auf der Titelseite das Foto von genau dem, bei dem ich ‚einen Empfang' hatte. Der Ministerpräsident hatte also mit mir geplaudert, ganz persönlich, in sehr gutem Deutsch!

Ich wundere mich immer noch, und ich weiß bis heute nicht, warum mir der kleine Polizist all dies Gute hatte zukommen lassen: den Orangensaft, die Fahrt zum Museum, die Athener Festspiele, den Eiskaffee, den Empfang beim Ministerpräsidenten, beim Oppositionsführer…

Und um noch einmal auf die Worte ‚von – bis‘ zu kommen: Nun wissen wir es – von der Toilettenfrau bis zum Ministerpräsidenten.

Ja, ich habe es gerne nochmal aufgezählt, auch, um mich der richtigen Chronologie zu vergegenwärtigen.

Und noch einmal: Ich weiß bis heute nicht, warum dies alles so geschah!

Wißt ihr es?

6. Ehe

Gerade bei diesem Kapitel bedarf es sehr des Abwägens: Was ist das wirklich Wesentliche? Denn bei so vielen Jahrzehnten gemeinsamen Lebens könnte man einen Roman schreiben. Doch das würde den gewählten Rahmen sprengen, so beschränke ich mich auf das, was mir jetzt in den Sinn kommt.

Nun zu dem ‚wie alles begann‘:

„Sind Sie schon mal in Griechenland gewesen?"

(Die Anrede „Sie" ist zur Zeit noch üblich.)

„Ja."

„Ich auch."

„Was studieren Sie?"

„Kunst."

„Ich auch."

Dies sind die ersten Worte, die der Beginn werden sollten eines langen gemeinsamen Lebens. Aber das ahnen wir ja noch nicht in diesem Moment: Wir haben Platzkarten gegenüber in einem Sechserabteil in dem Studentensonderzug München-Athen, sind voller Vorfreude auf das vor uns liegende spannende Abenteuer.

Wir sind noch jung. Er ist 21 − (Wir haben uns natürlich gleich nach dem Alter gefragt.) − gerade mündig geworden (zu dieser Zeit), darf sich also ‚Erwachsener‘ nennen, wie er mir stolz erzählt. Ich bin zwei Jahre älter, merke ich, nämlich 23. Aber das macht nichts.

Ich bin äußerst überrascht, gerade ihn mir gegenüber zu haben. Denn nur kurze Zeit vorher, in dem Gewühl der fünfhundert Studenten, die auf dem Bahnsteig im Münchner Hauptbahnhof um Mitternacht auf den bereitzustellenden Zug warten, dann sich ihr Abteil und ihren Platz suchen werden – in diesem lebendigen Durcheinander an Jugendlichen treffen meine Augen auf seine Augen.

Ja, dies ist ein schicksalhafter Moment: Ich erkenne in seinen Augen – für nur einen kurzen Augenblick – etwas mir sehr Vertrautes. Anders kann ich es nicht nennen.

„Aber den werde ich bestimmt nicht wiedersehen!" denke ich, suche meinen Platz, finde diesen, und wer sitzt mir da gegenüber? Dieselben Augen, dieselben Empfindungen bei mir wie vorher auf dem Bahnsteig – er ist es wirklich, ahnt noch nicht, was in mir vorgegangen ist (das werde ich ihm erst später erzählen, wenn's paßt), aber ich kann schon vorwegnehmen, daß mit ihm auch etwas geschehen ist, wie er mir später erzählt: Seinem besten Freund aus Hamburg (er kommt von dort) habe er nach der Rückkehr erzählt, es sei so gewesen, als habe er „sich selbst getroffen".

Ihr merkt, das Schicksal – oder wie man es nennen will – führte zusammen, was zusammenkommen sollte. Denn da hat ja irgendein Angestellter im Studentenbüro in Bonn, wo wir die Fahrt anmelden und vorweg bezahlen mußten – er von Hamburg aus, ich von Kassel – die Platzkarten für genau diesen Sonderzug an diesem Tag Anfang August 1963 zugeteilt.

Nennt man das nicht Fügung? Für mich ist es das jedenfalls, und ich bin dem Allwirkenden im Rückblick dankbar, sehr dankbar.

Aber noch ist dies die erste Begegnung und was daraus werden wird, steht noch in den Sternen.

Mit diesem ersten Dialog und den Worten „Ich auch" ist schon eine gewisse Übereinstimmung da: Für uns Beide die zweite Griechenlandreise (Wie ihr merkt, sind wir jetzt ein Jahr weiter als in der vorherigen Geschichte, nämlich im Jahr 1963), und Beide studieren wir Kunst.

Die Geschichte geht dann so weiter: Wir merken, daß dies kein Liegewagenabteil ist (es werden immerhin zwei Nächte und zwei Tage sein, durch Österreich, Jugoslawien bis Athen), wie beantragt und bezahlt, sondern mit normalen Sitzplätzen, und wir wollen uns schon damit abfinden, als ein die Fahrt betreuender Mitstudent die Tür aufzieht: „Weiter hinten sind noch zwei Liegewagenplätze frei! Wer kommt mit?"

Die weiteren vier Insassinnen im Abteil, finnische Mädchen, wollen zusammenbleiben, so ist es völlig klar: Wir Beide schauen uns an, erste übereinstimmende Entscheidung: Natürlich, wir Beide!

Und so folgen wir dem Studenten, und so sind dies unsere ersten Schritte in Gemeinsamkeit, hin zu den Plätzen, die dann zwei Tage und zwei Nächte ‚unser Zuhause' sein werden.

Im Abteil sind vier männliche Studenten: zwei Mediziner und zwei Theologiestudenten, einer katholisch, einer evangelisch.

Und da diese letzteren sehr bald (am nächsten Tag) merken, daß sich zwischen uns etwas tut, auf feinstofflichen Schwingungsebenen, fragen sie, wer denn von ihnen zuständig sein wird, wenn es mal soweit ist? Wir müssen uns erstmal gegenseitig fragen, wie das mit der Religionszugehörigkeit ist, und stellen fest: Beide sind zuständig! Mein ‚Gegenüber‘ (nenne ich ihn noch so) ist evangelisch und ich bin katholisch.

Aber noch ist diese scherzhafte Frage der Theologiestudenten von keiner Bedeutung für uns. Wir erleben bewußt diese Fahrt über die Alpen, durch Österreich hindurch, durch Jugoslawien (zur Zeit noch unter der Herrschaft von Tito), mit all den vielen Eindrücken, den landschaftlichen Veränderungen, den Gerüchen, die bei geöffnetem Fenster hereindringen, den deutlich ansteigenden Temperaturen – kurzum, unsere Sinne sind sehr beschäftigt, all dies bewußt wahrzunehmen.

Die Reise ist gut als Studentensonderzug organisiert. Wir werden mit Lunchpaketen versorgt, alle mit demselben Inhalt (belegte Brote, Saft, Obst, Fleischhäppchen, Wurst), und da zeigt sich schon, daß er anders ist als ich, nämlich kein Vegetarier (er gibt zu, in seiner sechsköpfigen Familie ein guter Fleischesser zu sein), und so ergibt es sich, daß ich in ihm einen begeisterten Abnehmer für meine Fleischportionen habe. Oh, kann der gut essen, denke ich.

Aber ich kann schon ein bißchen vorauseilen: Ab der Eheschließung wird er auch Vegetarier. Wir sind natürlich auch inzwischen schon beim „Du“, haben nach unseren Namen gefragt, wollen sie uns gut merken.

Ich muß aufpassen, daß kein Roman daraus wird, aber an diesen Beginn erinnere ich mich gerne, und diese Szenen im Zug sind mir sehr gegenwärtig, bekommen sie doch ihre Bedeutung im Nachhinein dadurch, daß wir tatsächlich zu einem Paar wurden, ein Dreivierteljahr später.

Und daß mein erster Blick in seine Augen – er einer unter Fünfhundert – ein wirkliches Erkennen war, das hat sich in den vielen Jahren unseres Zusammenseins als immerwährendes Gefühl des Zusammengehörens gezeigt.

Zu dieser Erfahrung im Zug gehört aber noch etwas Anderes, was zeitlich dieser Begegnung vorausging, sie gewissermaßen vorbereitet hat: Am Nachmittag vor der Abfahrt um Mitternacht bin ich vorher schon nachmittags in München, da die Züge aus Kassel (wo ich studiere) zu dieser Zeit nicht so häufig fahren, und noch einige Stunden bis zur Abfahrt verbleiben.

Da bin ich in eine Kirche gegangen (Café kommt nicht in Frage, als Studentin muß ich das wenige Geld beisammen halten), habe mich umgesehen, rechts vom Altar an der Wand die Dankestäfelchen aus Silberblech mir angeschaut – Dank für Heilung, für ein Kind, für Bewahrung vor Unheil...

Da werde ich besinnlich, setze mich auf eine Bank, komme zur Ruhe, empfinde die Stille, und es steigt in mir der Gedanke auf: „Ach, es wäre ja doch ganz schön, jemanden an meiner Seite zu haben!"

Und wenige Stunden später blicke ich in seine Augen...

Ich könnte also im Nachhinein auch so ein Silbertäfelchen in der Kirche anbringen: Danke für diesen meinen Lebenspartner!

Oh, ich merke, dieses Kapitel wird ja doch wohl recht lang! – Also noch konzentrierter auf das Wesentliche zusteuern!

Und das ist dann nicht das Anekdotische, was man alles so als kurzweilig, auch spannend erzählen könnte (wie gesagt, kein Roman!), sondern vor allem, was Günter und mich dann verbindet, innerlich verbindet, wie wir die vielen Lebenserfahrungen – wundervolle als auch sehr schwierige, uns an unsere Grenzen führend – wie wir sie verarbeiten, wie wir dadurch geläutert werden, wie wir sie als Lernerfahrungen ansehen können, die uns vorwärts schubsen, hin zu Erkenntnissen, zum tieferen Verstehen, zum Einverstanden-Sein mit dem, was ,das Schicksal' uns auf den Weg legt.

Und das nun gemeinsam, nach der Hochzeit im Mai 1964, in der zweitältesten Kirche Deutschlands, der Michaels-Kapelle in Fulda, von 820 n.Chr., karolingisch, also von Karl dem Großen: Rundbau, acht Säulen um den Altar herum, vor dem wir knien, Monsignore Vogt traut uns, spricht vom Frieden, vom inneren Frieden – das ist uns ein Leitfaden im weiteren Leben.

Zur Michaels-Kapelle möchte Günter noch etwas erzählen: Er war mit 16 Jahren mit seinem Geschichtslehrer auf Klassenfahrt in der Barockstadt Fulda. „Wir haben dort auch" – so erzählt er – „die Michaels-Kapelle besichtigt, ohne zu ahnen, daß ich sechs Jahre später dir, Ellinor, vor diesem Altar das Ja-Wort geben würde!" – Also wahrhaft ein historischer Moment an einer historischen Stätte – ein erster Berührungspunkt. Und er fügt noch hinzu: „Das Wort ‚Ja' ist wohl das schönste und bedeutendste auf der Welt!"

Wir stellen übereinstimmend fest, daß wir gerne allein sind, auch zu zweit dieses Gefühl bewahren, gemeinsam schweigen können, einfach nur uns in der Gegenwart des anderen wohlfühlen, ohne es in Worten ausdrücken zu müssen.

Dieses In-sich-Ruhen habe ich ja vor allem seit meiner Kindheit beim Malen empfunden. Günter erzählt mir, wie ihm seine vielen Spaziergänge, Wanderungen, Radtouren, immer allein, dazu verholfen haben, zu sich zu finden, Abstand zu gewinnen zu den familiären Herausforderungen mit zwei älteren Brüdern.

Das kenne ich ja gar nicht als ‚Einzelkind', und so erfahre ich, daß das Leben mit Geschwistern, wie ich es mir immer wünschte, nicht unbedingt harmonisch verlaufen muß, sondern eher auf einem Sich-Behaupten hinausläuft, besonders bei ihm als dem Jüngsten.

Mit der jüngeren Schwester fühlt er sich hingegen wohl. Er sagt mir, sie haben sich wie ‚Brüderchen und Schwesterchen' aus Grimms Märchen gefühlt, mit viel geschwisterlicher Zuneigung. Er hat mir auch bekannt, er hätte manchmal gewünscht, lieber ein Mädchen zu sein.

In diesen Gesprächen mit ihm wird mir bewußt, in wie vielem wir übereinstimmen, und das wird zu etwas uns begleitendem: Harmonie, innerer Gleichklang.

Er philosophiert auch gerne, was sich in meiner Jugend auch bei mir ganz von allein ergab: über das Leben nachdenken, welcher Sinn ist hinter allem, welches ist meine Aufgabe im Leben, warum lebe ich…

Ich möchte hier mal ein Beispiel anführen, welche Formulierung uns Freude macht: „Jeder Moment hat in sich einen Sinn, sonst wäre er ja nicht."

Merkt ihr die Tiefgründigkeit? – Denn das bedeutet doch: Alles, was ist, alles, was geschieht, hat einen Sinn – auch wenn wir dies nicht immer gleich wahrhaben wollen. Aber wir sind ja hier auf der Erde, um wach und bewußt uns als lebendig zu erfahren, das Geschenk des Lebens zu würdigen, nach dem Sinn in allem Ausschau zu halten.

Vor 2400 Jahren hat Laotse das Wort ‚Tao' gebraucht, um damit das für uns noch Unfaßbare erahnbar zu machen, und dieses Wort wird übersetzt mit ‚der Sinn' – als Urgrund aller Daseinsberechtigung.

Wenn wir dies in etwas uns Vertrautes umwandeln wollen, können wir auch sagen: Der Schöpfer hat alles sinnvoll geschaffen; daß auch wir sind – und auch du, der du dies liest, bist ja – hat in den Augen Gottes einen tiefen Sinn.

Wachen wir auf, um ihn zu erkennen!

Nach diesem längeren Exkurs (der mir Freude macht) wende ich mich wieder dem Beginn unserer Ehe zu.

Da gibt es viel auszutauschen, um uns besser kennenzulernen. So erzähle ich ihm auch die Geschichte mit dem Taxifahrer: In Frankfurt, nachts, ich fahre im Taxi zum Hauptbahnhof, es ist spät, und der Taxifahrer sagt (muß ich ihm glauben): „Um diese Zeit fährt kein Zug mehr nach Kassel!"

Ich zögere, bleibe einen Moment noch sitzen, überlege, was zu tun ist, da fährt er los. Ich denke: wohin? – Er fährt in einen Wald, hält an und sagt: „Ich bringe Sie jetzt um! Sie können schreien, so laut Sie wollen, es hört Sie hier niemand!"

Was geht da in mir vor sich? Nun gut, das war's dann ja wohl, denke ich. „Aber machen Sie schnell, dann habe ich's hinter mir!" bringe ich nur raus, merkwürdig apathisch, schicksalsergeben.

Er versucht mich zu würgen, reißt mir die Kette vom Hals, aber sonst nichts weiter. Es macht ihm wohl Freude, Angst einzujagen, Macht auszuüben.

Nach einer gewissen Zeit läßt er von mir ab (daß ich so gelassen reagiere, hat ihm wohl den Spaß verdorben, vielleicht hat er Kreischen, Schreien, Hilferufen erwartet), fährt mich zum Bahnhof zurück, bedroht mich noch: „Wehe, Sie erzählen das jemandem, dann…", spricht etwas von Geheimbund, läßt mich dann aus dem Auto, und ich löse eine Fahrkarte für den nächsten Zug nach Kassel, fahre wie betäubt durch die Nacht, gehe am frühen Morgen als erstes zu meiner Studienkollegin – und dann brechen über mich die Gefühle herein, dann kann ich unter Schluchzen alles erzählen, die Tränen fließen, die Tränen fließen.

Wir beratschlagen, ob man ihn anzeigen müsse, doch Gisela rät ab: „Meinst du, die Polizei glaubt dir?" – Und mir geht nur durch den Kopf, wenn das öffentlich würde: „Meine armen Eltern, und was wird die Bild-Zeitung schreiben?"

Meine Eltern haben davon nie etwas erfahren. Mein armer Günter ist tief betroffen, mag es gar nicht hören, wenn ich die Geschichte manchmal im kleinen Kreis erzähle, er fühlt zu sehr mit. Mich hat es aber in meiner Überzeugung bestärkt: Ich habe einen Schutzengel! Danke, lieber Schutzengel!

Beim Stichwort ‚Schutzengel' möchte Günter auch ein eigenes Beispiel erzählen (wir sind ja noch beim Austausch unserer bisherigen Lebenserfahrungen, um uns besser kennenzulernen, zu verstehen): Er ist auf Klassenfahrt in der 12. Klasse mit seinem Musiklehrer, einem passionierten Bergsteiger, in Hinterriß in Österreich, untergebracht in einem einfachen Heim an einem reißenden Wildbach, wandert in der freien Zeit am Nachmittag mit einem befreundeten Klassenkameraden in eine vom Bach abzweigende Klamm, immer höher, der Bach ist auch wild, aber recht schmal, sie müssen über Stock und Stein klettern, bis es nicht mehr weitergeht: Rechts und links hoch aufragende senkrechte Felswände, geradezu ein Wasserfall: „Da kommen wir nicht weiter!"

Sein Kamerad macht die ersten Schritte zurück, er selbst steht noch einen Moment auf einem Stückchen Sand, macht den ersten Schritt nach links, und da kracht von oben ein großer Felsbrocken genau auf diese Sandstelle, wo er eine Sekunde vorher gestanden hatte.

Wieviel Herzklopfen da Beide gehabt haben, kann ich gut nachempfinden, und auch ich bin dankbar, damals meinen ‚Zukünftigen‘ nicht schon verloren zu haben, und auch er weiß, wie sehr er von seinem Schutzengel behütet wurde: Die Inkarnation sollte noch nicht abgebrochen werden! – Oh, was hat das Schicksal noch mit uns vor, wieviel Prüfungen?

Und wir könnten uns noch mehr Beispiele erzählen von solchen Fügungen, solchen Rettungen. – Ihr sicher auch!

Ich springe jetzt ein bißchen, es sind ja auch so viele Gedanken, die auftauchen, die sich bemerkbar machen, aber euch zum Trost: In den Kapiteln ‚Joga‘, ‚Meditation‘ und ‚Südamerika‘ wird unser gemeinsames Leben ja noch mehr zur Sprache kommen, vor allem wie wir – das wird bei den folgenden Themen deutlich werden – wie wir immer mehr hineinwachsen in eine gemeinsam zu erfüllende Aufgabe.

Aber nun zu dem ‚Springen‘: Das möchte ich euch doch wissen lassen, was mein Vater zu seinem frisch gebackenen Schwiegersohn nach der Trauung sagt: „Sie ist ein wertvoller Mensch!“

Ich bin überrascht, als mein Anvertrauter mir dies erzählt: „Sowas hat er mir noch nie zu verstehen gegeben!“ – Gerührt bin ich darüber sehr, auf diese Weise zu erfahren, daß er mich doch schätzt. Seine Gefühle konnte er nie zeigen, wie wohl viele Väter zu dieser Zeit nicht. Meinen ersten Kuß bekam ich von ihm zum Abitur.

So beginnt unser Leben zu zweit, froh, einander zu haben in dieser ruhigen, selbstverständlichen Übereinstimmung.

Und ich empfinde dieses völlig neue Leben als etwas, was ich zutiefst im Innersten ersehnte, und erst recht wird dieses Empfinden in beglückender Weise bestärkt, als ich weiß, ich habe empfangen, ich bin eine werdende Mutter. Ich bin erst 24 Jahre jung, fühle mich in meiner Kraft, mit Günter an meiner Seite, er als werdender Vater…

Was geht da in uns vor sich? Wie wird sich unser Leben verändern? Wir empfinden dies als eine Bestätigung für unser Eins-Sein als Ehepartner, wie einen Segen für unser Zusammensein.

Es wird eine Hausgeburt, wie bei meiner Mutter auch, unterm Dach, in einer winzigen Wohnung, mit Günter an meiner Seite, nur mit einer liebevollen Hebamme, ein Arzt braucht nicht zu kommen.

Was für ein Empfinden, als Mutter dieses kleine Wesen Menschlein mit all der Zärtlichkeit, die ich in mir fühle, im Bett an meiner Seite zu haben, diese Lebendigkeit, das ruhige Atmen…

Was dann einmal alles im Leben als Familie geschehen wird, uns vielleicht auch als Prüfung auf den Weg gelegt werden wird, das ahnen wir noch nicht.

Aber wir wissen: Die Beziehung zu dem eigenen Kind ist etwas Schicksalhaftes, ist etwas, was sich einfügt in unseren Lebensplan, und auch unser Kind – es ist ein Junge, wir geben ihm den Namen ‚Gerrit‘ – wird mit unserem Leben verknüpft sein, mit unserem Verständnis von Leben, und wir haben das Glück, daß unser Sohn – das merken wir bei seinem Heranwachsen – uns als Geschenk gegeben wurde, um gemeinsam auf dem geistigen Pfad voranzuschreiten, er mit einer großen Sensibilität, uns an die Seite gegeben für die Erfüllung einer gemeinsamen Aufgabe.

Ihr hättet mal sehen sollen, wie in den ersten Wochen und Monaten nach der Geburt Günter stolz den Kinderwagen geschoben hat, da oben im Park in Kassel-Wilhelmshöhe, allen zeigend: Seht mal, ich bin Vater!

Auf die Zeit mit unserem Adoptivsohn Jürgen, den wir nach fünf Jahren, als kein weiteres Kind sich einstellte, zu uns nahmen, um Gerrit einen Bruder an seine Seite zu geben, müßte an anderer Stelle eingegangen werden, um auch diese Erfahrungen – es wurden 15 Jahre – in der richtigen Weise zu würdigen. Doch in diesem Zusammenhang ist dafür kein Spielraum. Er ist auch nach diesen 15 Jahren, die sehr spannend und lehrreich für uns waren, seine eigenen Wege gegangen, während es mit Gerrit zu einer immer engeren Beziehung wurde und wir seine geistigen Fähigkeiten nach und nach erkennen konnten und zu schätzen wußten – eben als Schicksalsgemeinschaft!

Damit bin ich am Ende dieses Kapitels, doch es wird noch genügend Gelegenheit geben, in den folgenden Kapiteln euch weiter teilnehmen zu lassen an unserem gemeinsamen Leben. – Seid ihr bereit?

7. Beruf

Hier möchte ich zu Beginn eine Anmerkung machen: Gerade beim Kapitel ‚Studium‘ ist mir bewußt geworden, wie sehr ich auswählen muß, denn natürlich könnte ich dazu noch viel mehr erzählen.

Aber es geht nicht um Vollständigkeit, sondern den Leitfaden: Was sind entscheidende Erfahrungen, die in mir etwas bewirken, mich durch etwas hindurchgehen lassen, um daraus zu lernen, die mir zu Erkenntnissen verhelfen, in mir ein vertieftes Verständnis von Leben entstehen lassen, um mich innerlich heil zu bewahren.

So ist das, was ich auswähle an Bemerkenswertem, wie Trittsteine in einem Gewässer (es gibt so schöne japanische Gärten, in denen dies besonders kreativ gestaltet ist), über die man sicher von Erfahrung zu Erfahrung gelangen kann.

So gilt dies erst recht für dieses Kapitel ‚Beruf‘. Das sind ja viele Jahre mit unendlich viel zu erzählen, und so möchte ich mich wieder auf das Wesentliche konzentrieren und dabei die Gedanken von innen her kommen lassen.

Das Ziel meines Studiums ist ja, Kunsterzieherin zu werden, also Lehrerin für das Fach ‚Kunst‘ an einem Gymnasium. Und das bedeutet, Kinder und Jugendliche im Alter von zehn bis zwanzig Jahren zu betreuen, sie pädagogisch anzuleiten, sie zu ‚fordern und zu fördern‘, wie das so schön heißt.

Wir – Günter und ich, der an derselben Schule in Flensburg ist wie ich – wir Beide haben das Glück, daß gerade die Schulreform beginnt mit der Einführung der Studienstufe. So gibt es auch im Fach Kunst Grund- und Leistungskurse mit drei bzw. fünf Unterrichtsstunden pro Woche, was es vorher nie gab.

So können wir aus dem Vollen schöpfen, können die ganze Bandbreite an Möglichkeiten zur Anwendung bringen, die Vielfalt all der Gebiete, bei denen es um Gestaltung im weitesten Sinne geht: Bildende Kunst (Malen, Zeichnen, Drucktechniken, Bildhauerei, Schrift), Architektur, Technisches Zeichnen, Fotografie, Film, Theater – wirklich ein weites Feld, das nun im Leistungskurs zur Geltung kommen kann.

So ist der Unterricht in der Oberstufe (11. Bis 13. Jahrgang) mal Deutschunterricht (Bildbetrachtung), mal Geschichtsunterricht (Geschichte der Malerei, der Architektur, der Plastik, des Designs) in einem Überblick über die letzten 5000 Jahre, mal Religionsunterricht (religiöse Buchmalerei der Romanik), mal Philosophieunterricht (Sinndeutung z.B. in Bildern der Romantik), Psychologieunterricht (Surrealismus, Optische Täuschungen), Biologieunterricht (Zusammenhang Auge – Gehirn).

Ihr seht, an Themen mangelt es nicht, und da es nicht nur Vorträge des Lehrers sein sollen, mit Dias als Bildmaterial, oder Plakaten aus der Sammlung der Schule, sondern die Schüler zu selbständigem Erarbeiten angeleitet werden sollen, ist ihnen in Form von Referaten genügend Anreiz gegeben, selbst ‚kleine Forscher‘ zu sein.

Ich habe einmal die Idee, aus meiner Diasammlung mit modernen Malern ein Bild herauszugreifen, was ich noch nie besprochen, auf das ich mich nicht vorbereitet habe, einfach, um zu sehen, wie's dann läuft.

Das war also auch für mich eine kleine Herausforderung, wie Improvisation im Theaterspiel, und siehe da, die Schüler bringen sich gegenseitig auf Ideen, überlegen, was der Maler wohl angestrebt hat, und als die Frage nach dem Lebenslauf des Malers kommt (den ich nicht weiß), gebe ich diese Frage zurück: „Erforsche du das doch mal bis zum nächsten Mal!"

Mit der Oberstufe habe ich zu erzählen angefangen, weil es mir mit Beginn des Kurssystems, also der Aufwertung des Faches mit dem Leistungskurs, viel Freude macht, mich selbst in all diese vielen Inhalte zu vertiefen, was ja während des Studiums noch gar nicht geschehen konnte. Es geht dabei darum, in mir selbst die Faszination des Neuen zu entdecken, um sie dann auf die Schüler übertragen zu können.

So wachsen meine eigenen Kenntnisse und Erkenntnisse mit dem Voranschreiten der Zeit, neuen Veröffentlichungen, Ausstellungen, die wir besuchen, um für uns selbst eine lebendige Weiterentwicklung zu schaffen, immer wieder offen zu sein für eine Erweiterung unseres Verständnisses.

Und ich lerne vor allem durch die Schüler selbst: Wie sie mit Fragen kommen, die zeigen, daß sie selbst tiefer eindringen wollen, und so wird dies oft zu einem lebendigen Austausch auf Augenhöhe.

Und lernen tue ich auch dadurch, daß ich an der Reaktion der Schüler merke, daß z.B. dies oder jenes nicht klar genug erklärt ist, daß ich dann selbst in mich gehen muß: „Habe ich es selbst schon tief genug verstanden?" – Und wenn ich es dann besser verstanden habe: Wie vermittle ich dies in der Sprache, die die Schüler verstehen können?

Darum geht es ja immer wieder: Als Pädagogin muß ich mich einstellen auf des jeweilige Alter (immerhin eine Spannweite von zehn Jahren; zehn bis zwanzig Jahre alt sind sie), muß sie dort abholen, wo sie stehen in ihrem Verständnis, und das ist eine schöne Aufgabe, hat seinen Reiz, hält mich selbst lebendig.

Mein pädagogisches Anliegen kommt besonders zum Tragen in der Unter- und Mittelstufe, 5. bis 10. Klasse. Denn da sitzen vor mir Kinder, Jugendliche mit unterschiedlichen Begabungen, unterschiedlichen Fähigkeiten, denen ich in der Anforderung gerecht werden und mich erst recht in der Notengebung darauf beziehen muß, was das praktische Ergebnis an Leistung für den jeweiligen Autor bedeutet, wieviel Einsatz darin zu erkennen ist.

Die Note sollte für den Schüler ja nachvollziehbar sein, daß er sagen kann: „Danke, daß Sie mein Bemühen gemerkt haben." Oder: „Ja, ich sehe ein, das weiß ich, das könnte ich besser machen. Ich versuch's."

Dies hat sehr viel mit dem Selbstwertgefühl des Schülers zu tun. Denn, wie ich es an früherer Stelle gesagt habe, ist ein Bild ein Teil von mir selbst. Und diese meine eigenen Erfahrungen aus der Kindheit und Jugend helfen mir nun, die Kinder besser zu verstehen, um ihnen mit Rat und Tat zur Seite stehen zu können und ihnen den Eindruck zu vermitteln: „Ja, das hilft mir, in mir das Gefühl zu überwinden, ich könnte das nicht."

Das ist oft ein Problem, die geringe eigene Wertschätzung, das Sich-nicht-Zutrauen.

Dieses „Ich kann das nicht" geht oft davon aus, daß die Schüler eine feste Vorstellung davon haben, wie es sein müßte, dem aber natürlich nicht schon gleich am Anfang entsprechen können.

Es geht ja nur schrittweise. Kreative Gestaltung ist ein Prozeß, ein Anfang bei Null, ein langsames sich Herantasten, ein Miterleben einer Entwicklung durch eigenes Tun, ein Dranbleiben, ein Erfahrungen-Sammeln.

Um den Erfahrungsspielraum zu erweitern, über das Fach Kunst hinaus, komme ich auf die Idee, ein Kassettengerät mitzubringen und sie nach Musik malen zu lassen. Ich wähle ruhige meditative Musik aus.

Die Wirkung ist für mich wunderbar: Ich sehe, wie jeder ganz bei sich ist, wie sich die Harmonie der Klänge auf sie überträgt („Alles schwingt") und mit hineinfließt in den Malvorgang, in Ergebnisse, die sie ohne die Musik nicht hätten hervorbringen können.

Und jedes Bild ist ein individuelles Beispiel, das zeigt, was in ihnen dadurch ausgelöst wurde: Harmonie.

Das Gute daran ist, daß sich die Kinder anders erleben als im Alltag, in der Familie; die Musik lockt in ihnen heraus, was sonst nicht so sichtbar wird: die

Fähigkeit, eigenes Empfinden, ausgelöst durch die Klänge, zum Ausdruck zu bringen, in Farben und Formen auf dem Zeichenblatt.

Es ist mein Bestreben, den Schülern zu helfen, an sich zu glauben. Das ist nicht immer einfach, wenn von den Eltern her keine seelische Unterstützung zu spüren ist, wenn sie sagen (so geben es mir die Kinder wieder): „Ich konnte das auch nicht, dann brauchst du das auch nicht zu können!"

So ist von mir immer wieder pädagogisches Geschick und psychologisches Einfühlungsvermögen gefordert, um den Schülern Mut zu machen und ihnen mit einem gelungenen Ergebnis („Siehst du, du kannst das ja doch!") zu einer positiven Selbstbestätigung zu verhelfen.

Im Hintergrund spielt da etwas rein Menschliches mit hinein: Inwieweit kann ich als Kind schon frei sein von der Meinung anderer?

Dieses Zu-sich-selbst-Stehen entwickelt sich ja langsam im Laufe der Jugend, bis wir irgendwann erwachsen sind, nicht dem Urteil Erwachsener erliegen, sondern mehr in uns ruhen und wissen, was wir können, wieviel Kreativität in uns ist, die sich auswirken möchte, daß wir alles Schaffen als ein Erfahrungen-Sammeln ansehen, das zu einer Erweiterung der bisherigen Fähigkeiten führt, zu einer ständig im Laufe des weiteren Lebens wachsenden Bereicherung.

Mit meinem Beruf, gerade mit dem Fach Kunst, bin ich glücklich, dazu beitragen zu können daß die Kinder und Jugendlichen eine Chance bekommen, im eigenen Tun sich selbst zu erleben als jemand, der schöpferisch tätig ist, mit den eigenen Händen, die gebraucht werden möchten.

Eine Formulierung kommt mir da noch in den Sinn: Nur durch eigene Erfahrungen erlangt man ein tieferes Verständnis. – Und da kommt mir Konfuzius zu Hilfe (Danke!):

> „Erzähle mir – und ich vergesse.
> Zeige mir – und ich erinnere mich.
> Laß es mich tun – und ich verstehe."

Sind das nicht gute Schlußsätze für diesen pädagogischen Exkurs? – Natürlich könnte man dies Feld noch erweitern, indem man reflektiert über Begriffe wie ‚Phantasie', ‚Schönheit', ‚Ästhetik', die alle um das Wort ‚Kunst' kreisen, aber ich möchte es darauf beruhen lassen und an den Beginn erinnern, als ich von den ‚Trittsteinen' sprach, über die wir gehen, und so mögen all diese Bemerkungen auch solche Trittsteine sein in dem Gewässer, genannt ‚Pädagogik', speziell Kunsterziehung.

Und jetzt wartet ihr auf das nächste Kapitel, ‚Indien'? Vielleicht haben einige von euch auch wieder gemerkt, daß das die Geschichte ‚In Indien' aus dem zweiten Band der ‚Wundersamen Erlebnisse' sein könnte. Richtig, und dennoch möchte ich sie wieder in diesem Zusammenhang bringen, weil sie sich jetzt chronologisch in meinen Lebensverlauf einfügt.

Was ich aber doch noch nachtragen möchte (so viel Vollständigkeit gehört dann doch dazu), ist, daß in die

Anfangszeit meines Berufes die Geburt unseres Sohnes Gerrit fällt.

Fünf Jahre später adoptieren wir einen fünfjährigen Jungen, Jürgen. Er bleibt fünfzehn Jahre in unserer Obhut, bis wir Anfang 1985 nach Bolivien gehen, er nicht mitkommen will und seine eigenen Wege geht.

Diese Adoption ist mir sehr wichtig, damit unser Sohn nicht als Einzelkind aufwächst, wie ich, was mir manchmal zu schaffen machte.

Außer diesen wenigen Hinweisen auf uns als Familie möchte ich diesen für Günter und mich als Eltern sehr wichtigen Lebensabschnitt nicht weiter vertiefen – dies könnte ein Extra-Buch werden! – Ich würde nicht aufhören zu erzählen!

Denn diese für uns so prägende Phase des familiären Zusammenlebens euch in ihrer Fülle in der richtigen Weise zu vermitteln, bedürfte einer gründlichen Extra-Würdigung, um ihrer Bedeutung gerecht zu werden.

Da dies also jetzt nicht in diesen Rahmen paßt, können wir weiter in der Zeit voranschreiten – nach Indien. Kommt ihr mit?

8. Indien

Ja, Indien – wie ich dazu gekommen bin, weiß ich gar nicht mehr genau. Jedenfalls bin ich eingeladen zu einer zehntägigen Reise (vom 3. bis 13. Dezember 1993). ,Frieden durch Kultur' heißt die internationale spirituelle Vereinigung (,Peace through Culture'). Ja, und wie es kommt, daß die mich einladen, weiß ich nicht mehr.

Also, der Flug ist organisiert, auch sogar bezahlt, ich glaube, von derselben Gruppe. Ich bin jetzt schon in Gedanken auf der Reise, von München nach Indien. In Neu Delhi beginnt eine Rundreise. Auf dem Bus ist vorne aus Stoff ein Transparent angebracht: ,Congress for Spiritual Concord'. (,Kongreß für spirituelle Eintracht')

Das klingt sehr gut, und da muß ich dann doch ein bißchen erläutern, was es damit auf sich hat: Der Patriarch von der russisch-orthodoxen Kirche in Indien hat verschiedene spirituelle Gruppen auf der Welt zu diesem Kongreß eingeladen.

Da ist erst einmal eine Rundreise geplant, vor allem durch den Norden Indiens mit Rishikesh als Ausgangspunkt. Es sollen dann nacheinander viele verschiedene religiöse oder spirituelle Gemeinschaften kennengelernt werden.

Das ist das, was ich vorher wußte. Also sicherlich eine spannende Geschichte. Und Reisen mochte ich immer schon gern, angefangen in Griechenland.

Und nun also Indien: Oh, was für ein Dreck! Und die Armut! Eine ältere Frau mit einem Kind auf dem Arm läuft mir dauernd nach und bettelt und bettelt – aber ich habe im Moment gar kein Geld bei mir. Sie tut mir wirklich leid. – Die Menschen, die auf der Straße liegen. Die Gerüche! Sicherlich wegen der Hitze.

Und die Hygiene: Im Hotelzimmer möchte ich mich gar nicht ins Bett legen. Ich schlafe lieber in meiner Kleidung. Und die Handtücher sind auch kaum zu benutzen, sie sind voller Waschpulver.

Die Reihenfolge der Busreise muß ich ja nicht genau erzählen. Wir halten immer mal wieder an, werden in ein geschmücktes Gebäude gebeten, erleben dort eine Tanzvorführung oder eine rituelle Zeremonie von einer bestimmten religiösen Gruppe, Vorträge.

Mich faszinieren die Farben der Gewänder, und überhaupt die Gewänder und wie kunstvoll die Tücher um den Körper geschlungen werden. Natürlich habe ich ein paar Tücher gekauft.

Mir fällt ein, ich habe noch gar nicht erzählt, mit wem ich diese Reise zusammen mache: Mit Anton Ponce de Leon und seiner Frau Regia und deren Schwester Zoila. Anton kennen wir ja von unseren Reisen in Südamerika, und, wie es sich ergab, war Anton kurz vorher bei uns hier zuhause gewesen und hatte einen Vortrag über sein Lebenswerk gehalten: SAMANA WASI.

Ja, und nun muß ich doch eine Zwischenerklärung einfügen, damit ihr es als Leser besser versteht. Anton hat vor vielen Jahren ein Kinderdorf gegründet, für Waisenkinder, für verlassene Kinder, in Urubamba, einem kleinen Dorf im Heiligen Tal der Inkas in Peru. Und das alles auf ethischer, spiritueller Grundlage.

Wir hatten das Glück, schon sehr früh zu Anton geführt zu werden und konnten so die Entwicklung seines Lebenswerkes miterleben. Er selbst hat eine spirituelle Gemeinschaft, die ‚Sonnenbruderschaft‘, gegründet, die als eine ‚Schule des Lebens‘ auf einem zutiefst geistigen Hintergrund Menschen aus aller Welt nach SAMANA WASI wie zu einem Pilgerort kommen läßt, zu Einweihungen, zu Zeremonien, beruhend auf einem tiefen Wissen, der ‚Weisheit der Anden‘.

Ja, und dieser Anton ist nun als Vertreter der ‚Sonnenbruderschaft‘ eingeladen, um sein Beispiel einzubringen in diesen Kongreß. Dieser hat zum Ziel, am Abschluß in Rishikesh von den verschiedenen Delegationen eine Resolution zu verfassen, die auf der Welt zum Frieden aufruft, mit der geistigen Kraft, mit der vereinigten Kraft dieser vielen spirituellen Gruppen. Und diese Resolution soll den Politikern in der Welt zugeleitet werden.

Ich glaube, ich habe jetzt rundum den Zusammenhang, den Anlaß für diese Reise erklärt.

Also, wir sind unterwegs, ständig unterwegs, bis zur Quelle des Ganges, bis zu den Tempeln der Sicks, den islamischen Moscheen, orthodoxen Kirchen.

Alles erlebe ich wie im Traum, habe auch mit meinem körperlichen Befinden zu tun, so viele Stunden im Bus, immer wieder Begrüßungen, alles eindrucksvoll…

Und wo bleiben dabei die körperlichen Bedürfnisse? Wir alle trauen uns nicht, viel zu trinken, da es unterwegs keine Toiletten gibt. Der Druck auf der Blase – ich sag's mal so direkt – nimmt ständig zu. Als wir endlich an einem Wald halten und sich alle einmal ins Gebüsch verdrücken wollen, kommen kreischend Affen auf uns zu – wieder nichts!

Schon bald macht mir auch Nasenbluten zu schaffen. Das ist natürlich sehr unangenehm unter den momentanen hygienischen Bedingungen. Händewaschen nicht möglich, eine Tempotuchpackung nach der anderen…

Dieses Nasenbluten trat also immer mal wieder auf, und nun möchte ich zu dem wundersamen Erlebnis kommen, das ein wesentlicher Teil dieser Geschichte ist: Eines Nachts sehe ich über mir ein Gesicht, ganz deutlich, ganz wirklich, das Gesicht eines chinesischen Alten, und das kommt mir immer näher, neigt sich über mich, und was mich erstaunt, ist eine weiße Lichtlinie von seiner Nase bis zum Kinn.

Ich kann nicht sagen, daß ich Angst habe, aber er kommt mir doch zu nahe, und so bitte ich innerlich um Licht, und die Erscheinung verschwindet.

Am nächsten Tag erzähle ich Anton von diesem Erlebnis, und er weiß sofort, was das bedeutet: „Ja, du hast doch immer mal wieder Nasenbluten, und da wollte er dir helfen mit der weißen Lichtlinie: Heilung durch das Licht!" – Dies leuchtet mir sofort ein, und ich bereue ein bißchen meine Reaktion.

Da fällt mir noch etwas Wunderbares ein: Außerhalb von Neu Delhi dürfen wir zu einem Ashram fahren, einem ummauerten Bezirk mitten in der Wüste, wo nur durch die Gegenwart eines alten Weisen ein blühender Garten entstanden ist; sein Name ist Sri. Sankarachaya.

Wir sitzen in der tropischen Natur im Kreis um diesen Weisen herum, und ich traue meinen Ohren nicht, als er auf Englisch zu sprechen beginnt. Es sind dieselben Worte, dieselben Inhalte, wie ich sie aus Botschaften aus der geistigen Welt kenne – eine universelle geistige Sprache, die alle Kulturen, alle religiösen Gemeinschaften miteinander verbindet, in Übereinstimmung bringt, und wie ja auch der Kongreß heißt: ‚für spirituelle Eintracht‘. Alle sind auf der gemeinsamen Suche nach der Wahrheit, dem Sinn menschlichen Seins.

Immer wieder geht es um das Licht, das geistige Licht, das als Funke in jedem Herzen erstrahlt und sich ausbreitet.

Ich höre fasziniert zu, verstehe alles trotz des indischen Englisch, erfahre dann noch, daß dieser Weise Analphabet ist und dennoch von wichtigen Politikern zu Rate gezogen wird. Wie wunderbar!

Die Reise endet in Rishikesh mit dem Abschluß-Kongreß, wo in mehreren Arbeitsgruppen an einem Manifest für den Frieden gearbeitet wird. Ich bringe mich ein bei der Gruppe ‚Frieden durch Kultur‘. Es wird ein sehr eindringlicher Appell an die ganze Welt.

Dieser Aufruf ist zum Glück in meinen Unterlagen wieder aufgetaucht (ich habe ein bißchen aufgeräumt, ohne zu suchen), und so weiß ich genauer Bescheid: Der Apell wird genannt ‚Der Rishikesh Aufruf‘ vom 12.12.1993 und steht unter der Schirmherrschaft dieses Alten Weisen, des Dalai Lama, der Mutter Teresa und des russischen Patriarchen, des Metropoliten von Delhi, Paulos Gregorios. Der Aufruf ging auch an die UNO.

Damit ist die Geschichte noch nicht zu Ende. Wieder in Nordfriesland zuhause schalte ich, einfach so, um die neuesten Nachrichten nach den zehn Tagen Abwesenheit zu sehen, den Fernseher an und sehe ‚zufällig‘, wie man so schön sagt, eine Dokumentation über Konfuzius, seinen Heimatort, das Denkmal dort. Und welches Gesicht erkenne ich da ganz eindeutig in genau derselben Darstellung wie das Gesicht meiner Erfahrung in Indien mit der weißen Lichtlinie: Konfuzius!

Und dazu muß ich noch etwas erläutern: In La Paz haben wir Jahre vorher über ein Medium von unserer Verbindung mit Konfuzius erfahren, daß wir damals (er lebte von 551 bis 479 v.Chr.) unter seinen Schülern waren und die Verbundenheit zu ihm weiter besteht.

So, nun habe ich, glaube ich, das Wichtigste erzählt, und du, Günter, hast hoffentlich alles so genau wie möglich wiedergegeben. – Und alles so anzunehmen, wie ich es erlebt habe, überlasse ich dem Leser.

9. Yoga

Die Reihenfolge ist diesmal ganz einfach, weil sich eins aus dem anderen ergeben hat. So kann ich gleich anfangen mit dem ersten von sechs Teilen: Veronika.

Sie ist Yoga-Lehrerin; ich habe mich wohl damit schon beschäftigt, in Büchern, also erstmal nur als ein Thema, das mich interessierte. Doch praktische Erfahrungen habe ich noch nicht.

Wir wohnen inzwischen in Flensburg, es ist das Jahr 1974, in einem fünfstöckigen Gebäude aus dem 19. Jahrhundert, hoch oberhalb der Flensburger Förde, im fünften Stock, 92 Stufen bis zur Wohnung, mit einem Rundum-Blick über Hafen und dem gegenüberliegenden Hang, 50 Meter hoch, die Förde ist ja ein Urstromtal, so geht es immer runter und wieder hoch.

Unter uns wohnt Helga (eine andere, als ihr aus den ‚Wundersamen Geschichten‘ kennt), wir sind in freundschaftlichem Kontakt, und sie ist nun die, die Veronika eingeladen hat, bei sich im großen Wohnzimmer, freigeräumt, Unterricht zu geben für eine kleine Gruppe von Freunden. Günter darf auch dabei sein.

So ist dies die erste entscheidende Stunde, in der ich erleben kann, was Yoga ist. Veronika macht mit uns nicht das streng-indische Yoga, zum Glück, sondern ein uns westlichen Menschen angepaßtes, sodaß wir gut mitkommen können.

Wenn es mir auch zunächst recht anstrengend vorkommt, in bestimmter Weise in eine Anspannung zu gehen, aber die Entspannung am Ende jeder Übung ist für mich wie eine Belohnung.

Und sie erklärt es auch recht gut, daß jeder entsprechend seiner körperlichen Fähigkeit nur bis zu dem Punkt zu gehen braucht (also kein Ehrgeiz!), an dem ein Schmerz beginnt, ihn wohl spüren kann, innehält, um dann sehr langsam die Position aufzulösen.

Daß das alles ganz ruhig und langsam vor sich geht, das gefällt mir. So bleiben wir Beide, Günter und ich, am Ball, machen gerne einmal die Woche weiter und können dann auch kleine Fortschritte erkennen im Hinblick auf Beweglichkeit und Loslassen-Können.

Ich habe mit meinem Rücken zu tun, so merke ich, daß ich auch da Linderung erfahre. Damit ist die Grundlage gelegt für ein vertieftes Interesse an dem, was Yoga ist. Das sind ja erst nur erste Erfahrungen, die aber schon zeigen, in wieweit ich mich damit auf einen Entwicklungsweg begebe, der sich neben dem Körperlichen auch dem zuwendet, was ich an Empfindungen bei diesen Übungen wahrnehmen kann, es also in Richtung von mehr Bewußtheit geht – hinspüren, mich fühlen, den Energiestrom in mir erleben.

Ja, es ist eine Erweiterung, das spüre ich, in dem Sinne, daß ich meinen Körper wohl benutzt habe – er ist mir ja von Geburt an gegeben – aber eben einfach so, mehr automatisch, und jetzt kommt das hinzu, was ich ‚Bewußtheit‘ nenne. Und daß ich mich dadurch lebendiger fühle.

Leider muß Veronika aus privaten Gründen bald wegziehen, so müssen wir uns – ich sage ‚wir‘, weil Günter gerne mitmacht – so müssen wir uns nach einer anderen Möglichkeit umsehen. Und die finden wir in dem Kursangebot des ‚Hauses der Stille' in Roseburg, südlich von Mölln gelegen, einem Meditations-Zentrum, in idyllischer, sehr uriger Natur gelegen.

Da ist eine Frau v. Schneidemesser – schon älter, also sehr erfahren – die Wochenend-Yoga-Kurse anbietet. Wir melden uns an und sind sehr erfreut über ihre Methode, die noch weicher, noch behutsamer ist als die von Veronika.

Sie arbeitet nämlich auch in Altersheimen, Krankenhäusern, und da muß sie sich auf die Bedürftigkeiten dieser Menschen einstellen, den Schwierigkeitsgrad entsprechend senken und vor allem – was mir sofort gefällt und mir entspricht – Übungen mit einbaut, schwerpunktmäßig, die ich ‚Heil-Yoga' nenne, also darin erkenne, daß es ihr um Heilwirkungen geht. Sie weiß genau, was was bewirkt, und so fühle ich mich bei ihr gut aufgehoben, kann mich ihren Anleitungen gut anvertrauen.

Vor allem das Thema ‚Atmen' fügt sie mit ein bei allen Übungen, indem wir nicht, wie beim indischen Yoga, bewußt an einem bestimmten Punkt der Übung den Atem anhalten sollen, manchmal sogar ziemlich lang, sondern immer fließen lassen.

Und das macht sie sehr gut, weil sie nämlich aus ihren vielen Erfahrungen weiß, daß wir als Menschen uns gerne anspannen, den Atem anhalten. Und so leitet sie uns mit ihren ruhigen Worten, mit einer angenehmen Stimme, an – nimmt uns also an die Hand, gewissermaßen – im richtigen Moment über ein gleichmäßiges Weiteratmen („Der Atem fließt ruhig weiter…" sagt sie) die Spannung, die in der Übung liegt, loszulassen und immer in der Ruhe zu bleiben, ohne eine zu große Anspannung zu empfinden.

Dieser Rhythmus von Anspannen – Entspannen, den wir von Veronika her kennen, wird hier also in eine, wie ich es nennen möchte, meditative Richtung gelenkt. Kontemplation, könnte man auch sagen: betrachten, was da in mir geschieht und wie da in mir durch ihre Methode Selbstheilungskräfte in Gang kommen.

Damit ist für mich das Verständnis von Yoga erweitert in einer Weise, die mir sehr zusagt: beobachten, hinspüren, geschehen lassen, sich erleben.

Ich sprach ja zu Beginn von sechs Teilen, man könnte es auch Schritte nennen. Also der dritte: An der Schule in Flensburg, an der ich Kunst unterrichte (davon war ja schon die Rede in einem anderen Kapitel), gehe ich hinter einer Kollegin die Treppe hoch, merke, was mit ihr los ist, sie keucht, schleppt sich mühselig hoch. Ich weiß, sie hatte einen Herzinfarkt, ist aber jetzt wieder im Dienst.

„Ellen, du müßtest mal Yoga machen. Das würde dir gut tun, das sanfte, heilsame Yoga!" sage ich zu ihr. – „Oh, Ellinor, wenn du das machen würdest, dann ja!"

Das ist wieder so ein entscheidender Moment in meinem Leben – ja, entscheidend, denn er verlangt mir eine Entscheidung ab: Sage ich „Ja!" – bin ich bereit dazu? Bisher viele weitere Kurse gemacht, auch bei einem richtigen Inder in Bonn, oh, der leitet uns in sehr disziplinierter Weise an, immer noch ein bißchen weiter zu gehen, noch mehr in der Übung bis zu dem Punkt zu kommen, in der äußersten Anspannung, an dem er uns durch präzise Atemanleitungen (darin ist er Meister) über bisherige Grenzen hinüberhebt und dann sagt: „Smile to your body!"

Das vergesse ich nicht, dieses „Smile to your body!" – lächle deinem Körper zu. Oh, wieviel Gelassenheit in dieser Anspannung! Und dann langsam, sehr langsam (mache seiner Übungen zieht sich über eine halbe Stunde hin, streng, aber zielgenau angeleitet von ihm, mit seiner Atem-Methode) – sehr langsam kommt die ‚erlösende Auflösung' – ich nenne es mal so, ich erlebe es so – und wir können genießen, wie wir uns dann empfinden – vollkommen durchströmt, nehmen uns als ein Ganzes wahr, von Kopf bis Fuß, fast wie schwebend, frei.

So, das sind also meine eigenen Erfahrungen, und Ellen sagt mir nun: „Ja, wenn du das machst!" – Also Lehrerin sein? Trau ich mir das zu? Wie man es, gerade wie bei Ellen in ihrem Zustand, richtig machen könnte, habe ich ja bei Frau v. Schneidemesser gelernt, also könnte ich es mir zutrauen…

Nach ein paar Tagen Bedenkzeit ist mein Entschluß herangereift: Ich mache es.

Ihr seht, die Weichen werden nicht von mir gestellt, sondern alles ergibt sich, mein ganzes Leben lang, es geht nur darum, sich zu entscheiden und bereit zu sein. So einfach geht das Leben – alles ergibt sich!

Und dann geht alles ganz schnell: Es finden sich einige Kolleginnen (die Schule war bis vor Kurzem

Lyceum, also Mädchen-Gymnasium, so gibt es viel weibliches ‚Lehrpersonal‘), die gerne mitmachen, in dem großen leeren Vorbereitungsraum neben meinem Zeichensaal, unter dem Dach – gemütlich, finden alle. Und so nimmt mein Leben seinen Lauf, außer Kunsterzieherin auch Yoga-Lehrerin in privatem Rahmen zu sein.

Es vergehen die Jahre, wir sind fünf Jahre in Bolivien, beruflich, Günter an der Deutschen Schule in La Paz, ich im Hintergrund in vielfältigen sozialen Verpflichtungen.

Und wieder ergibt es sich, daß die Frauen der Deutschen Kolonie gerne auch Yoga machen möchten. Ein entsprechender Raum ist schnell bei einer Kollegin gefunden, und ich komme so in Kontakt mit vielen verschiedenen Menschen. Ich fühle mich sinnvoll eingebunden.

Nach der Rückkehr nach Deutschland fügt es sich, daß manche der damaligen Kolleginnen mich fragen: „Willst du nicht mit Yoga weitermachen? Wir würden von Flensburg bis zu euch in Nordfriesland kommen. Ja, - bist du bereit?“

Und von Neuem bin ich bereit. Es kommen neue hinzu, so finden die Treffen wöchentlich hier bei uns im Reetdachhaus statt. Wir haben oben einen großen freien Raum, mit einem dicken, weichen Teppich, 4 x 4 Meter im Quadrat, den wir aus Bolivien mitbringen konnten, aus Lamawolle.

So ist dies nun schon die fünfte Etappe in meiner Erzählung. Mit jeder Yoga-Stunde lerne ich weiter, erweitere meine Kenntnisse, kann die Übungen immer mehr in Richtung Heilwerden vertiefen, und ich fühle mich ganz wohl dabei. Der Dank der Teilnehmerinnen tut mir auch gut.

Und dann komme ich schon zum nächsten, dem sechsten Schritt: Es klopft an der Eingangstür (wir haben keine Klingel, ist halt ein altes Haus, von 1840, da gab es wohl nie die Notwendigkeit) und es steht vor mir eine kleine, sehr liebenswerte Frau, stellt sich vor als Leiterin des Roten Kreuzes hier im Dorf, sie hätte einen schönen Gruppenraum, und sie hätte gehört… und der Wunsch hier unter den Bewohnerinnen des Dorfes sei groß, Yoga kennenzulernen, ob ich nicht…?

Ihr könnt euch denken, wie's weitergeht: Jeden Montag-Morgen, um halb zehn („Oh, was für ein schöner Beginn der Woche!" sagen sie), Woche für Woche, Monat für Monat, Jahr für Jahr – ich habe die Jahre nicht gezählt, aber fünfzehn sind es bestimmt inzwischen geworden – ja, das Leben geht weiter, Freundschaften entstehen, die Gruppe, ungefähr zwölf Teilnehmerinnen (Günter darf immer dabei sein), wächst immer mehr zusammen, keine möchte den Montagmorgen missen, und die Leiterin des Roten Kreuzes, Heike, ist glücklich, den Mut gehabt zu haben, an der Tür zu klopfen und zu sagen: „Ich habe gehört…"

Was die Teilnehmerinnen besonders mögen, was schon längst Tradition geworden ist: am Schluß, die letzte knappe halbe Stunde (insgesamt anderthalb Stunden, das reicht): die Tiefenentspannung.

Wir liegen ausgestreckt, entspannt, auf unseren Wolldecken, decken uns gut zu, denn beim Entspannen sinkt die Körpertemperatur. Und dann leite ich ruhig, mit vielen Pausen dazu an, nach und nach unsere Bewußtheit zu lenken zunächst in die Zehen, dann die Füße, und so schreiten wir sehr langsam von unten nach oben voran, bis zum Kopf, füllen dadurch unseren Körper mit Bewußtheits-Energie, wir spüren es, welche Kraft in diesem einfachen geistigen Geschehen liegt, wie wir immer mehr eins werden mit diesem Strömen in uns, uns ganz leicht fühlen, fast schwebend…

So erleben wir uns als ein Ganzes, ein lebendiges Ganzes.

Und dann kann die Woche beginnen, an diesen Montagen im Raum des Roten Kreuzes. Mit Heike verbindet uns eine innige Freundschaft, und was hat bei alledem die entscheidende Rolle gespielt? – Yoga mit seiner heilsamen Wirkung.

10. Meditation

Es ergibt sich für mich ein nahtloser Übergang vom Yoga zur Meditation: In den siebziger Jahren nehme ich bei Pastor Pajung (ich hoffe, sein Name wird so geschrieben) am Yoga-Unterricht teil, und er leitet die letzten zehn Minuten eine kleine Meditation an.

Dies ist meine erste Erfahrung in dieser Richtung. Ich spüre sofort: Das entspricht mir, da kann ich ganz bei mir sein, in meiner Mitte. Ich freue mich jedes Mal auf diese Momente der Stille, der Ruhe. Einfach nur da sein, nichts erwarten, frei sein…

In meiner Kindheit begann es ja schon, daß ich mich gerne zurückzog; beim Malen konnte ich ich selbst sein, zu mir finden. Und hier jetzt in der Meditation, nur diese zehn Minuten, fühle ich noch mehr, etwas, was ich nicht beschreiben kann – es schwingt etwas in mir, ganz sanft, trägt mich…

Das sind so die Worte, mit denen ich mich diesem Empfinden annähern kann. Es ähnelt der Wahrnehmung in der Tiefenentspannung im Yoga. So wird mir bewußt, daß Yoga mich vorbereitet hat für ein noch feineres Erspüren von Energie, von Schwingung.

Bei diesem Wort ‚Schwingung‘ muß ich an die sieben kosmischen Gesetze denken (manchmal sage ich: „die komischen Gesetze“, um zu sehen, wie Günter reagiert; er ist ja ein ganz Ernsthafter, aber er kennt mich inzwischen), die sieben kosmischen Gesetze, bei denen das dritte heißt: ‚Alles schwingt‘.

Und dieses Thema ‚Schwingung' wird mich weiter begleiten. Das Leben besteht ja aus einer ständigen Weiterentwicklung, einem immer feineren Empfinden, einer immer bewußteren Wahrnehmung dessen, was ist.

Ich kann jetzt noch in anderer Weise an Yoga anknüpfen: Ich erzählte ja im vorherigen Kapitel von Frau von Schneidemesser, die in Roseburg im ‚Haus der Stille' Unterricht gab. Und in genau derselben schönen Meditationshalle aus Holz gibt es nämlich auch Meditationskurse.

Das ist für mich der nächste Schritt nach der mir sehr gut gefallenden Erfahrung mit Pastor Pajung: Ich melde mich für ein zwölftägiges Meditations-Seminar an (sehr mutig, gleich zwölf Tage, normalerweise ist es nur eine Woche), ein Schweige-Seminar, ohne zu ahnen, auf was ich mich da einlasse.

Von Nadine habe ich schon erzählt (‚Tschernobyl', 2. Band der ‚Wundersamen Erlebnisse'), die ‚zufällig' immer neben mir sitzt, die mich wie eine ältere Schwester auf diesem Weg begleitet, ja, und mit ihr erlebe ich mein erstes richtiges Schweige-Seminar.

Ja, es wird tatsächlich den ganzen Tag in Schweigen meditiert, jeder auf seinem Meditations-Sitzkissen, oder Bänkchen, in aufrechter Haltung, die Hände mit nach oben geöffneter Handfläche auf den Knien abgelegt, und dann beginnt die, wie es heißt, ‚Achtsamkeits-Übung' mit der Atembetrachtung.

Wir werden angeleitet von einem Mönch aus Burma, der uns in die Methode einführt, den Atem bewußt zu spüren, wie er uns langsam füllt, zur Ruhe kommt an dem Wendepunkt zum Ausatmen. Fließen lassen, nur geschehen lassen, ganz bewußt dabei sein…

Oh, das ist für mich zu Beginn noch sehr schwer, dieses Bewußt-dabei-Bleiben. Wir sollen als Hilfe jedes Ein- und Ausatmen zählen, von zehn rückwärts, doch ich ertappe mich dabei, bei irgendeiner Zahl gedanklich abgeschweift zu sein.

Macht nichts, wird uns gesagt, das ist normal, immer wieder von Neuem beginnen, bis es zu einem natürlichen Geschehen geworden ist.

Am Ende einer Sitzung von 45 Minuten ertönt ein Gong, für mich ein erlösendes Zeichen, muß ich zugeben, um diese Übung gut sein zu lassen, sich zu lockern, die körperlichen Empfindung, die bei dem langen Stillsitzen auftreten, wie z.B. Schmerz, umzuwandeln, in eine innere Haltung des Einverstanden-Seins zu gelangen – ja, es ist Arbeit an sich selbst, und ich merke, was das mit mir macht: Ich erlebe mich bewußt als ein Wesen, das viele Empfindungen hat, mit denen ich zurechtkommen muß: Wie erlange ich dieses ‚Einverstanden-Sein‘? Ohne mir etwas vorzumachen, nein, es soll zu einem wahrhaftigen Loslassen führen, sich nicht vom Schmerz betroffen fühlen, ins Erleiden gehen, sondern frei werden.

Nach einer Sitzung kommt immer ein längeres meditatives Gehen: Wir formen einen großen Kreis und gehen im Gänsemarsch hintereinander, aber nicht wie wir ‚Gehen‘ verstehen, sondern in Zeitlupe, in Super-Zeitlupe, haben vor uns eine andere Teilnehmerin, zu der wir den

Abstand halten müssen, da kann es kein Überholen geben, nein, wir sind alle eins in diesem gleichmäßigen Rhythmus: einen Fuß langsam vor, über die Fußsohle abrollen lassen, Gewicht verlagern nach vorn, anderen Fuß genauso langsam heranholen, auf beiden Füßen stehen, Gleichgewicht erspüren, halten, dann wieder mit einem Fuß nach vorn, dabei Körper aufrecht, Hände ineinander gelegt vor den Bauch, und so Schritt für Schritt...

Was ich zunächst wie eine Technik erlebe, wandelt sich nach und nach um in ein Dahin-Fließen, von innerer Ruhe getragen...

Es ist schwer zu beschreiben, wenn es nicht die eigene Erfahrung ist. Und so gilt grundsätzlich: Nur die eigene Erfahrung schenkt uns ein Verstehen, ein Erkennen dessen, was dies in uns bewirkt, wie es uns wandelt, uns einen inneren Frieden schenkt, der uns Schritt für Schritt weiterträgt.

Entwicklung kann ja nur entstehen, wenn wir durch etwas hindurchgehen, um dann ein Stückchen weitergekommen zu sein, dankbar für diese Erfahrung...

Ich will jedoch nicht leugnen, daß mir zu Beginn dies schwerfällt, ich noch zu sehr im Kopf bin: Was soll ich jetzt tun? Welchen Fuß? – Bis all dies Denken von mir abfällt und ich hingelange zum Geschehen-Lassen.

Dies Geschehen-Lassen wird für mich durch diese Schweige-Seminare immer mehr zu einer selbstverständlichen Grundhaltung – worüber ich glücklich bin, hebt mich das doch über alles Selbstmitleid hinaus, schenkt mir inneren Frieden.

In diesem Zusammenhang möchte ich euch erzählen, wie ich meinen Zahnchirurgen zur Verwunderung bringe, als ich ihn bitte, keine Spritze beim Implantat-Setzen zu verwenden.

Das habe er noch nie gemacht, und das sei viel zu gefährlich, und er kommt mit allen möglichen Erklärungen medizinischer Art, die mich nicht beeindrucken.

Nach längerem Miteinander-Ringen kommt mir die rettende Idee: „Wollen Sie nicht ein Experiment wagen?" – Oh, das reizt ihn, unter der Rubrik ‚Experiment' stimmt er schließlich zu.

„Sie haben ja noch nicht einmal gezuckt!" sagt er nach gelungenem ‚Experiment'. „Wie haben Sie das gemacht? Hatten Sie wirklich keine Schmerzen?" – „Nein", sage ich, „ich konnte alles in Ruhe geschehen lassen! Vielen Dank für Ihre Bereitschaft!"

Die Frage „Wie haben Sie das gemacht?" muß ich erst in Ruhe überlegen und kann dann nur sagen: „Ich war einverstanden", und mir ist bewußt, wie mir das Meditieren dazu verholfen hat: Vollkommenes Vertrauen, es wird alles gutgehen.

Ich wollte ja als Motiv für meinen ‚Mut' über die Spritze nichts Fremdes in meinen Körper gelangen lassen (das gilt für mich grundsätzlich hinsichtlich jeglicher Medizin, die nicht natürlich ist) und bin dem Zahnchirurgen dankbar für sein Entgegenkommen, das ihm sehr schwergefallen ist. Die Spritze lag vorsichtshalber daneben, falls…

Bei allen weiteren Implantaten brauchte ich nicht mehr darum zu kämpfen.

Nach diesem Ausflug – der aber mit der positiven Auswirkung des Meditierens zusammenhängt – kehre ich noch einmal zu meiner ersten Schweige-Seminar-Erfahrung zurück: Zwischendurch – zwölf Tage sind lang – schaue ich mich im Kreis um: Sind ja alles normale Menschen, und warum nehmen sie dies auf sich?

Ich merke, daß ich nach einigen Tagen an meine Grenzen komme: Noch ein Tag, halte ich das durch? – Nadine bestärkt mich (im Flüsterton, abends, nach der Abschlußsitzung): „Es lohnt sich, man muß dranbleiben, Veränderung braucht Zeit!"

Und ich bleibe dabei. Am letzten Tag, in der letzten Sitzung, da geschieht etwas, was ich selbst Günter nicht gleich erzählt habe, weil es mich innerlich zu sehr bewegt: Ich habe eine Licht-Erfahrung, ich bin völlig herausgehoben aus allen körperlichen Empfindungen, bin selbst ganz Licht, ganz erfüllt, ganz leicht...

„Oh, wie schön!" kann ich nur denken. „Was für eine Belohnung für alles Bemühen!" – In diesem Moment ertönt der Gong, ich merke, ich sitze neben Nadine, bin überglücklich, bin unendlich dankbar...

Und diese Licht-Erfahrung hat meinen weiteren Weg vorbereitet – ihm eine Richtung gegeben.

11. Südamerika

Ja, es ist tatsächlich so: Südamerika bedeutet die entscheidende Weichenstellung in unserem Leben, eine Zäsur, die unsere Füße geführt hat zu der dann drei Jahrzehnte währenden Erfüllung unserer Lebensaufgabe, nach vielen Jahren des Berufslebens ein Neu-Anfang, nach all dem Bisherigen – Yoga, Meditation – Erfüllung zu finden in einer bestimmten Art der Gruppenarbeit, Energie-Arbeit, mit heilenden Energien uns und vielen Menschen den Weg zum Heilwerden zu bereiten.

Wie sich das ergeben hat? Nun, Wir müssen zurückgehen bis in das Jahr 1980. Ich kann zurückblicken auf etliche Jahre des Berufslebens. Die schwierigen Anfangsjahre, mit Lehrproben, Prüfungen (hinten im Zeichensaal sitzt der Fachleiter Kunst, macht sich Notizen – oh, was schreibt er da wohl, war wieder etwas zu bemängeln, welche Kritik werde ich mir anhören müssen?) – diese Zeiten sind lange vorbei, ich fühle mich sicher, erfahre auch Anerkennung, wir – Günter ist immer an derselben Schule, zunächst in Fulda, dann in Flensburg – tragen zum Schulleben bei mit Ausstellungen, Theater-Aufführungen (ich gestalte sehr gerne Bühnenbilder), Dekorationen bei Festen, bekommen auch Lob, können also zufrieden sein, das pädagogische Wirken erfüllt mich, unsere Schulleiterin in Flensburg staunt über die Ergebnisse bei den Schülerarbeiten: „Das habe ich in meiner Jugend nicht kennengelernt, so ein Niveau im Künstlerischen ist bewundernswert!"

So könnten wir sehr zufrieden sein mit unserer Lebens-Situation, doch da ist eine Unruhe in mir, etwas drängt mich zu einer Veränderung: Wie viele Jahre noch denselben Schulweg (zu Fuß, 20 Minuten)? Dasselbe Kollegium?

Ich tröste mich: Ich habe doch mit Jugendlichen zu tun, jedes Jahr immer wieder neue, erlebe ihre Entwicklung, das Heranwachsen, ich kann ihre Kreativität fördern – doch diese Argumente verblassen angesichts des immer stärker werdenden Impulses in mir, daß etwas Neues kommen müsse.

Ich spreche mit Günter darüber: „Was hältst du davon, wenn wir ins Ausland gehen?" – Oh, er ist sofort begeistert. Er ist ja auch selbst viel gereist, auf Radtouren in Europa, liebt Abenteuer: „Ja, wir beantragen sofort, ins Ausland zu kommen!"

Das ist nicht so einfach: Da sind verschiedene Stufen zu erklimmen, erst muß die Schulleiterin uns frei geben, dann das Kultusministerium in Kiel grünes Licht geben, dann das Bundesverwaltungsamt in Bonn uns auswählen (in dessen Kartei sind immer 2000 Bewerber, davon dürfen pro Jahr nur 10% raus), ihr seht, das ist ein langer Weg, mit Enttäuschungen, Absagen, aber, um es kurz zu machen, nach vier Jahren, im September 1984, nach bangem Warten bekomme ich hier zuhause den erlösenden Anruf, direkt vom Schulleiter der Deutschen Schule in La Paz: „Wollen Sie nach Bolivien kommen?"

Daß es Bolivien werden würde, können wir vorher nicht wissen. Es ist völlig offen, wohin wir in dieser Welt zu einer der 50 Deutschen Schulen geschickt werden – und nun also Bolivien, die höchstgelegene Deutsche Schule der Welt, in 3870 m Höhe – was für eine Chance!

Ich sage dem Schulleiter sofort begeistert zu: „Ja, natürlich, wir sind bereit!" (Je weiter weg, um so besser, denke ich.) Damit sind die Würfel gefallen, mit diesem Anruf ändert sich alles für uns.

Ich kann es kaum abwarten, Günter, der erst noch aus der Schule kommen muß, diese frohe Botschaft mitzuteilen. Er ist sofort genauso enthusiastisch wie ich: „Wunderbar! In die Anden! Südamerika! Was haben wir für ein Glück! Wie können wir uns freuen!"

Wir erleben eine Aufbruchstimmung. Wie müssen wir uns jetzt darauf vorbereiten? Was ist da alles zu bedenken? Günter muß zu einem vierzehntägigen intensiven Vorbereitungskurs, um alles zu erfahren, was dies für uns bedeutet, in einem fremden Land, auf fremdem Rechtsboden, unter dem Schutz des Auswärtigen Amtes und damit der Deutschen Botschaft ‚entsandt' zu werden, wie das heißt, mit einem Dienstpaß (denkt an die Geschichte ‚Pässe' im zweiten Band).

Die Auswirkungen für unser Leben will ich kurz schildern: Haus verkaufen, auswählen, was mitzunehmen ist, geländegängiges Auto kaufen für die Straßenverhältnisse dort in den Bergen, ein Container steht uns zur Verfügung (für den weiten Transport per Schiff, über den Atlantik, durch den Panama-Kanal, den Pazifik nach Süden bis zum chilenischen Hafen Arica, dann per Lastwagen eine schlammige Straße die Berge hoch bis nach

La Paz in etwa 4000 m Höhe), in den wir das Wichtigste packen können; alles Übrige, Möbel usw., hier einlagern – oh, was kommt da auf uns zu – aber das nehmen wir voller Freude auf uns, sind getragen von dieser Euphorie eines Neubeginns: Fünf Jahre liegen vor uns, fünf Jahre Ausland, was für eine Chance!

Doch da gibt es noch eine Hürde: Gesundheits-Überprüfung unserer Tropentauglichkeit und unserer gesundheitlichen Verfassung wegen der Höhe dort; Herz und Lunge müssen vollkommen in Ordnung sein! – Ergebnis: Alles im grünen Bereich! Es kann also losgehen.

Wir sind immer noch im Jahre 1984. Da muß ich noch auf etwas sehr Wichtiges zu sprechen kommen, was dieses Jahr seit Februar zu einem besonderen werden läßt: Wir sind eingeladen worden, an den Versammlungen einer spirituellen Gruppe in Dänemark, in Apenrade, einmal im Monat teilzunehmen.

Und damit erweitert sich unser Horizont: Dort wird nämlich durch ein Medium Kontakt hergestellt zu höheren geistigen Ebenen, Sphären möchte ich es auch nennen, und so haben wir teil an Botschaften, die sie (das Medium ist eine Frau) übermittelt, die durchgegeben werden von Engeln, von lichten Hohen Wesen, deren Existenz uns wohl vertraut ist, mit denen wir aber bisher noch nicht unmittelbar in dieser Weise in Verbindung gekommen sind.

Und so tut sich für uns eine neue Welt auf, die weit über das rein irdische Verständnis von ‚Wirklichkeit‘ hinausgeht. Sie, das Medium, heißt auch noch Frau Engelmann, sie, die diese Ebene uns zugänglich macht!

Sie ist in Volltrance, aus ihrem Mund kommen wunderbar formulierte Weisheiten, zu denen ich sofort eine Resonanz spüre, so, als ob ich all dies in mir schon ahnte, was da verkündet wird: Wir sind umgeben von vielen lichten Wesen, die uns helfen möchten, unsere Ratgeber sind durch Intuition, durch Inspiration, unseren Lebensweg begleiten, uns behutsam führen, uns schützen, um unsere Aufgabe, zu der wir uns vor dieser Inkarnation bekannt haben, zu erfüllen...

Ich höre fasziniert zu, fühle mich bereichert, bestätigt, spüre die Gegenwart dieser Wesen als ein warmes Strömen in mir und um mich, eine weiche Schwingung.

Wie schön, daß wir dies gemeinsam erleben dürfen; Günter sitzt neben mir. Wir sind dankbar, diese Chance der Erweiterung unseres Weltbildes — warum auch immer — bekommen zu haben. Eins wissen wir: Alles ergibt sich, wenn es sein soll.

Und nun zu der Verknüpfung mit unserer großen Lebensveränderung, Bolivien: Wir dürfen auch Fragen stellen. So frage ich Anfang Oktober (am 19. September kam der Anruf aus La Paz), ob wir denn dort auch so eine spirituelle Gruppe finden würden wie hier. Wir fühlen uns nämlich in dieser Gruppe hier inzwischen sehr heimisch und bedauern ein bißchen, ab Januar 1985 nicht mehr teilnehmen zu können, wegen unseres Übersiedelns nach Bolivien, für fünf Jahre.

Die Antwort, die ich erhalte, klingt etwas mysteriös: „Ja, ihr werdet dort die für euch richtige Gruppe finden. Ihr müßt jedoch aufpassen: Es gibt dort Helles und Dunkles.

Ihr werdet aber durch eine dritte Person zu dieser Gruppe geführt, und ihr werdet noch staunen über die Zusammenarbeit der Wesen, seien sie inkarniert oder nicht."

Dies haben wir uns sofort gemerkt. Es klingt ein bißchen rätselhaft, wir wollen auf jeden Fall Augen und Ohren offen halten, wer denn wohl diese „dritte Person" sein wird.

Es wird uns viel Geduld abverlangt. Wir denken manchmal: Ach, könnte es diese Person sein, mit der wir über geistige Themen reden können, oder jene, die von Reinkarnation spricht,... aber nein, beim vorsichtigen Herantasten (wir können ja nicht direkt die Frage stellen: „Sind sie die dritte Person?") merken wir, es ergibt sich keine weitere Annäherung.

Ein leiser Zweifel schleicht sich in mich hinein: Inwieweit kann ich der Verheißung von 1984 glauben?

So wollen wir schon das Warten, das Erwarten aufgeben – wir haben Ende 1988, also nur noch ein Jahr in Bolivien – da geschieht es (Günter ist noch in der Schule), da klingelt es an der Tür, eine Frau in meinem Alter kommt herein und sagt nach einigem Zögern: „Ich haben in mir den Impuls gespürt, Sie aufzusuchen und Ihnen mitzuteilen, daß es hier eine Gruppe gibt, die für Sie bestimmt ist."

Könnt ihr euch meine freudige Überraschung vorstellen? Vier Jahre gewartet – und nun erfüllt sich, was uns im Oktober 1984 vorhergesagt worden war!

Sie stellt sich vor als eine Chilenin, die mit einem Österreicher verheiratet ist hier in La Paz, daß sie deswegen – zu meiner Erleichterung – so gut Deutsch kann, und sie bekennt, daß sie klopfenden Herzens die Klingel betätigt hat: Wie, wenn ihr innerer Ruf nicht stimmt? – Umso größer ihre Freude und Erleichterung, als ich antworte: „Darauf haben wir so lange gewartet!"

Was für eine schöne Bestätigung für ihre innere Stimme! Wir sind sofort beim „Du". Sie heißt Patricia und fängt an, von der Gruppe zu erzählen, die sie in Chile kennengelernt hat und die es auch hier in La Paz gibt: Es ist die Gruppe mit dem Namen ‚RAMA', das hieße, vom Ägyptischen her, ‚Licht auf die Erde' (RA = Sonnengott, also das Licht, und MA = die Erde). Es hat also mit Lichtarbeit zu tun, mit Lichtausstrahlen für diese Erde, auf der es so viel Dunkles gibt.

Und so treten wir ein in einen Austausch, bei dem sie etwas sagt, ich sage, ja, das ist mir vertraut, dann sage ich wieder etwas, was uns in Apenrade gesagt worden war über diese besondere Zeit, diese kritische Phase unseres Planeten in dem Übergang in die ‚Neue Zeit', und daß die Erde viel Licht bräuchte – ganz wie Patricia es nun von der RAMA-Gruppe sagt, und so fügen sich Bestätigungen an Bestätigungen, so wie Zahnräder ineinandergreifen, so kommt es mir vor.

Wir sind Beide glücklich, weiß Patricia nun, daß sie eine für uns sehr wichtige Botin ist, und ich, weil ich nun weiß: Dies ist die richtige Gruppe für uns, es erfüllt sich etwas!

Patricia geht strahlend von dannen. Und ich kann es kaum abwarten, bis Günter aus der Schule kommt: „Hurra, wir haben die Gruppe, du wirst es kaum glauben!" Ich überstürze mich mit dem Erzählen, wie wunderbar dies sich nun fügt und die Vorhersage von Apenrade stimmt. Wir dürfen weiter vertrauen, uns geführt fühlen.

So können wir dann das ganze Jahr 1989 an dieser Gruppe teilnehmen, zu der Patricia dann aufgrund unserer freudigen Bestätigung den Kontakt herstellt.

Dies wird für uns zu einem sehr wichtigen Jahr, einem Schlüsseljahr; unser Lehrer (mit Namen Luis) ist 25 Jahre jung, ungefähr halb so alt wie wir. Woche für Woche belehrt er uns – ja, er ist für uns ein richtiger Lehrer, mit viel Wissen, mit viel Weisheit, worum es in dieser Zeit geht, führt uns nach und nach ein in die Tiefe spirituellen Verstehens unserer Rolle als Mensch in Verbindung mit Wesen, die sich ‚Ältere Geschwister' nennen (aha, denkt ihr, das ist uns vertraut aus der Geschichte ‚Die Begegnung' aus ‚Wundersame Erlebnisse' Band 1), und da wird viel Inhalt ausgebreitet, die ganze Bandbreite geistiger Kenntnisse von unserem Leben auf der Erde, angefangen bei unseren Energiekörpern, Energiezentren, bis zu den Kosmischen Gesetzen.

Günter und ich lassen keine Woche aus, sind immer dabei, es ist einfach zu spannend. Und dann noch die Ausflüge: In der kargen Umgebung von La Paz wandern wir in bizarre Schluchten zum Meditieren (denkt an die Geschichte ‚Nur ein Stein' in Band 1) und haben dort abends im Dunkeln eine Sichtung: Unser Luis hat vorher die Botschaft empfangen, daß sie, die Älteren Geschwister, sich zeigen würden, um 19 Uhr.

Punkt 19 Uhr taucht über uns in dem dunklen sternenübersäten Himmel ein Lichtgebilde auf, optisch so groß wie der Mond, fliegt über uns hin und her, leuchtet auf – wir sind fasziniert: Danke für diesen Gruß, diese Bestätigung eurer Gegenwart!

Könnt ihr euch in uns hineinversetzen, was das für uns bedeutet? – Was da in uns vor sich geht? – Was das für Empfindungen in uns auslöst?

Theoretisch sind wir darauf vorbereitet, durch die Erzählungen und Belehrungen unseres Lehrers Luis, seine Erfahrungen, aber dies nun ‚in Wirklichkeit' zu erleben, ist etwas ganz Anderes, ganz Neues.

Wir spüren in uns hinein: Was bewirkt das in uns? Unsere gemeinsame Antwort: eine große uns durchströmende Freude! Da gibt es keine Fragen, keine Zweifel: So ist es! Wir sind Zeugen!

Zwei Jahre später, in Deutschland, empfinden wir nach dem Besuch der beiden Griechen (Band 1, ‚Die Begegnung') – dieselbe große Freude. Dies ist wohl ihre Ausstrahlung.

So nimmt das Leben seinen Lauf: Nach Yoga, Meditation, Botschaften aus der Geistigen Welt nun eine neue Erweiterung: die ‚Älteren Geschwister', die uns zur Seite stehen möchten in dieser für die Menschheit so schwierigen Übergangsphase in eine lichtvolle Zeit.

Tatiana, die Frau von Luis, sagt uns voraus, vor allem mir: „Ihr werdet in Deutschland diese Aufgabe übernehmen; ich weiß, ihr seid innerlich bereit dazu – und vorbereitet, diese Aufgabe, mit RAMA zu beginnen, in ganz kleinem Kreis, ganz im Stillen!"

Es wird wirklich so: Ich gehe nicht mehr in den Schuldienst, Günter macht ihn weiter, wir brauchen ja auch einen Lebensunterhalt, und so kann ich mich ganz unserem neuen Leben widmen: Gruppenarbeit auf der Grundlage von RAMA, außerdem Yoga-Unterricht in privatem Kreis, genug, daß ich das Gefühle habe: Da bin ich jetzt angekommen, da erfüllt sich jetzt etwas, wo ich mich ganz einbringen kann.

Es kommt tatsächlich so: Ohne, daß wir etwas dazu tun, kommt eine erste RAMA-Gruppe von sieben Teilnehmern (mit uns) zustande, einfach, weil einige nach den fünf Jahren Abwesenheit wieder Kontakt aufnehmen möchten: „Wollt ihr uns nicht erzählen, was ihr erlebt habt?"

Schon fügt sich alles zusammen, und wir dürfen am 21. Mai 1990 mit der ersten Gruppe beginnen, ohne da zu ahnen, daß sich nahtlos eine nach der anderen ergeben wird, einfach durch Hörensagen, von Mund zu Mund, im Stillen – das ist uns wichtig, damit die, die auf ihre innere Stimme hören und sich dazu hingezogen fühlen, die in Resonanz sind mit der Essenz, sich dem Licht zu öffnen und es auszustrahlen – daß sie sich in dieser Stille geborgen fühlen können.

Damit ist der Übergang geschaffen zu dem nächsten Kapitel: ‚Licht'.

Ihr merkt, daß ich euch in diesem Kapitel vor allem nahebringen wollte, wie sich zu Beginn dieser neuen Lebensphase alles ergeben hat: Wie meine innere Unruhe offensichtlich sein sollte, um alles Weitere geschehen zu lassen, wie die ,Hilfe von oben' mich geleitet hat hin zu einem Ziel, das außerhalb meines eigenen Wollens lag, ich an die Hand genommen wurde, um meinen in meinem Lebensplan vorgenommenen Weg zu gehen.

Was wir in den vielen Jahren danach alles in Südamerika erleben durften, habt ihr in den beiden Bänden ,Wundersame Erlebnisse' ja bereits gelesen, so brauche ich nicht noch einmal darauf einzugehen, und ihr könnt euch selbst ein Gesamtbild verschaffen, hinsichtlich dessen, welche Bedeutung Südamerika für uns hat, wenn ihr die vielen Geschichten in ihrer Vielfalt Revue passieren laßt und sie im Zusammenhang versteht.

12. Licht

Auf dieses Kapitel freue ich mich besonders. Denn darin kommt zur Geltung, was ich als meinen Lebensinhalt erkannt habe. Und schon gleich zu Beginn, im Kapitel ‚Geburt', gehe ich ein auf die Formulierung ‚… habe ich das Licht der Welt erblickt' und habe dabei die Gelegenheit ergriffen, auf die Bedeutung dieses Wortes, ‚Licht', schon einmal mit wenigen Worten einzugehen.

Nun aber steht es im Mittelpunkt dieses Kapitels – und auch im Mittelpunkt meines Lebens.

Ebenfalls ganz zu Beginn habe ich Jesu Worte genannt: „Ich bin das Licht der Welt." – Aber genauso hat er auch gesagt: „Ihr seid das Licht der Welt."

Ja, und damit sind wir, wir alle gemeint. Pastoren greifen diese Worte in ihren Predigten gerne auf, um auf unsere Rolle als Menschen auf dieser Erde hinzuweisen: Wir sollen Hoffnung sein für andere, haben die Aufgabe, mitzuwirken in der Schöpfung.

Ich füge hinzu, daß Schöpfung in meinem Verständnis ständig weiter geschieht, nichts Fertiges, Abgeschlossenes ist, sondern sich in einer fortwährenden Weiter-Entwicklung befindet im Sinne eines kosmischen – wenn ihr möchtet, könnte man auch sagen: göttlichen – Plans.

Wir sind Teil dieser Entwicklung, sind selbst nicht ‚fertig', sondern befinden uns in einem ständigen Prozeß des Wachsens, des Heranreifens, der Läuterung. Dazu dienen alle unsere Lebenserfahrungen, wir können sie in diesem Lichte sehen: Alles dient uns, hat einen Sinn, läßt uns immer wieder erkennen, was wir noch alles zu lernen haben.

So gelangen wir von Erkenntnis zu Erkenntnis, zu einem tieferen Verständnis, wie wir Teil sind dieses großen Ganzen.

Nun noch einmal zu den Worten: „Ihr seid das Licht der Welt." Ich möchte weiter vertiefen, was dies bedeutet: Was für ein Auftrag ist uns da übergeben! Sind wir uns dessen bewußt? Einbezogen zu sein in das, was Jesus der Christus als seine Mission ansieht? – „Ich bin das Licht der Welt – ihr seid das Licht der Welt."

Ist das nicht zu hoch? Wir können dies jedoch auf die Ebene irdischen Verstehens bringen, wenn wir es so ansehen: einfach nur liebevoll sein!

Und das können wir doch! – Ein liebevoller Blick, ein Zulächeln, eine Umarmung, nicht aus Gewohnheit, sondern vom Herzen her, daß man das Strömen spürt, liebe Worte, auch in einem Brief geschrieben, in dem Zuneigung und Verständnis mitschwingt – (wenn möglich, handschriftlich, damit es was Persönliches ist) – das verlangt manchmal Mut, denn wir scheuen uns oft, unsere wahren Gefühle zu zeigen – eine kleine Hilfeleistung, ein Zeichen: Ich bin an deiner Seite – spürst du, was ich für dich empfinde? Was du mir bedeutest?

Dann sind wir auf schlichte Weise seine Mitarbeiter auf dieser Erde, die so sehr des Lichtes bedarf. Wir müssen nur „Ja" sagen, „Ja, ich bin bereit…"

Das hat auch etwas mit Nächstenliebe zu tun, und wir können durchaus anstelle des Wortes „Licht" das Wort „Liebe" setzen: Licht = Liebe und Liebe = Licht. Das Licht aus dem Herzen zu den anderen strahlen lassen, können uns vorstellen, daß wir da eine Sonne in uns haben, die unerschöpflich ist.

Eine kleine Geschichte dazu, die mir gerade einfällt: Eine liebe Bekannte beklagt sich über die männlichen Kollegen in ihrem Büro, wie sie sich behandelt fühlt, mit nicht immer netten Bemerkungen.

Ich gebe ihr einen Ratschlag: „Uschi, du mußt dir in deinem Herzen eine Sonne vorstellen, strahlend helles goldenes Licht, und dieses Licht läßt du jeden Morgen, bevor du hinfährst, hinstrahlen in den Raum, zu jedem Einzelnen, und das machst du sechs Wochen lang (das sind nämlich die berühmten 40 Tage, die immer wieder eine Rolle spielen: Jesus war 40 Tage in der Wüste, die 40 Tage Fastenzeit). Meinst du, das schaffst du? Bist du bereit dazu?"

In ihrer Not tut sie das wirklich. Dann bekomme ich nach diesen sechs Wochen von ihr einen freudigen, überraschten Anruf: „Du wirst es nicht glauben: Ich komme heute früh ins Büro, da steht auf meinem Tisch eine Rose, alle strahlen mich an, und einer sagt: ‚Da kommt ja unsere Sonne!'"

Dies ist wirklich so geschehen, ich habe den Anruf noch im Ohr. – Merkt ihr was? All unser Bemühen, ehrlich, von innen her, trägt Früchte.

So können wir uns und andere damit beglücken, etwas zum Leuchten gebracht zu haben, denn in den handfesten Kollegen war eine Veränderung geschehen, und darum geht es: Wir alle sind zu positiven Veränderungen fähig, und diese können wir gar nicht genug wertschätzen.

So hat Uschi durch das Ausstrahlen des Lichtes auch in sich eine Umwandlung erfahren, hatte nicht mehr die Magenschmerzen wie vorher aufgrund ihres Ärgers, sondern war offen für die heilsame Wirkung des Lichtes – auch in sich selbst.

So beginnt also in uns eine innere Heilung, die sich auch wie bei ihr ins Körperliche auswirkt: Wir werden uns nicht mehr als Leidende erleben, sondern als Menschen, die einverstanden sind, wenn auch die körperlichen Empfindungen da sind, aber sie haben nicht mehr die Bedeutung von vorher, sondern sind umgewandelt in etwas Leichteres. Wir haben uns geöffnet hin zum Licht.

So wächst unsere innere Stärke – durch dieses Vertrauen in das Licht, durch das Vertrauen: Es gibt dieses Licht, es ist in uns als Seine Geschöpfe, in unserem Herzen leuchtet dieser Funke, wartet darauf, daß wir ihn zum Strahlen bringen, als Sonne ausstrahlen lassen, und wir können – das ist meine Erfahrung – uns dabei auch umhüllt fühlen vom Licht, spüren, wie es uns durchdringt, wie es uns heilt.

Ich merke, wie diese Worte sich in mir ganz von allein formen, mir gegeben werden, ich muß nicht nachdenken – auch dies ein Zeichen, wie wir eingebunden sind in das große Ganze.

Manchmal wiederholen sich Worte, wie z.B. ‚das große Ganze'. Ihr könnt für euch dafür andere Formulierungen finden, mit denen ihr vielleicht mehr in Resonanz seid. Ich sage es einfach so, wie es mir im Moment entspricht.

Ich überlege, wie ich den Übergang zur Lichtenergie, die natürlich in diesen Zusammenhang gehört, möglichst nahtlos hinbekommen kann, als zweiten Teil in diesem Kapitel. Doch mir kommen noch einige Schlußbemerkungen zu diesem ersten Teil als Zusammenfassung in den Sinn, und die möchte ich euch nicht vorenthalten:

Das Licht ist überall und immer da. Es möchte sich in uns auswirken als Heilung. – Ja, so einfach kann man es formulieren, so einfach ist es auch.

Es ist nur so, daß wir in unseren Körper ‚eingekörpert' sind, inkarniert, ‚Fleisch' geworden (lat. carne = Fleisch).

Das alles durchdringende Licht möchte mit seiner hohen Schwingung (es ist die allerhöchste, die es gibt) die Schwingung unserer Zellen anheben. Das erleben wir als ein Heilwerden.

Dies erfordert eine Öffnung – auf seelischer und geistiger Ebene.

So wachsen wir über das Körperbewußtsein hinaus in ein geistiges Bewußtsein.

Und noch weitere wenige Worte kommen mir: Das Licht schließt uns an die Urkraft allen Seins an, an das Alles-Durchwirkende.

Licht ist Leben – und wir leben ja!

Und nun zur Lichtenergie: Pfingsten ist für uns immer ein besonderes Ereignis. Es ist ja das Fest der ‚Ausgießung des Heiligen Geistes‘. Ich verstehe dies so, daß wir alle – nicht nur damals die zwölf Jünger – teilhaben dürfen an dieser Einweihung (so möchte ich es nennen), die nicht nur dies eine Mal damals geschah, sondern immer wieder von Neuem geschieht, um uns Menschen – und nun kommt wieder ein großes Wort, aber ich traue mich, es zu sagen – ‚ins Gottbewußtsein zu erheben‘. Denn der Schöpfer hat weiterhin viel Gutes mit uns vor.

Und so geschieht es Pfingsten 1992, daß ich während einer Meditation diese Kraft in mir spüre und in mir eine Stimme höre (wirklich eine Stimme, nur dies eine Mal), und die sagt: „Du wirst die Lichtenergie nach Südamerika bringen".

Dieses Wort ‚Lichtenergie‘ ist mir bisher nicht vertraut. Ich antworte innerlich spontan: „Aber ich doch nicht!"

„Wir werden dir helfen!" Ich fühle mich durchströmt von einer sehr zarten, weichen, mich ganz erfüllenden Schwingung.

Vorhin habe ich von dem Bereit-Sein gesprochen. Und ich fühle mich so gestärkt, begleitet, daß ich bereit bin, was auch immer unter ‚Lichtenergie‘ zu verstehen ist.

Es fügt sich, daß wir schon vor diesem Ereignis von unseren Freunden in Bolivien, die wir aus der RAMA-Gruppe von 1989 her kennen, gebeten worden waren zu kommen, um ihnen Einweihungen in heilende Energien zu geben (wozu ich auf andere Weise vorher befähigt worden war).

Doch wie nun in Verbindung mit der ‚Lichtenergie' kommen? (Was auch immer dies sein mag.) Und wieder ergibt es sich auf wundersame Weise (Sie haben ja gesagt: „Wir helfen dir"), daß (es führt zu weit, dies im Einzelnen zu erzählen) wiederum über eine dritte Person ein Kontakt sich ergibt zu einem menschlichen Wesen, das direkt aus lichten Ebenen eingeweiht worden ist in genau das, was zu Pfingsten ‚Lichtenergie' genannt wurde.

Diese ‚dritte Person' sagt mir dazu: „Sie macht es genauso, wie du es dir immer wünschst, wie das Übermitteln von heilenden Energien sein sollte: ganz im Stillen, nicht mit dem Materiellen, dem Geld, verquickt, denn es ist ja ein Geschenk ‚von oben', ganz bescheiden…"

Ich telefoniere mit dieser Lichtenergie-Lehrerin (sie nennt sich auch nicht ‚Meister'), und zwei Tage später bin ich schon bei ihr, weil da ein Seminar anfängt.

Um es kurz zu machen: Dies ist für mich die entscheidende Begegnung. Ich spüre diese feine Schwingung, die Pfingst-Schwingung, und ich weiß: Dies wird zu meiner künftigen Lebensaufgabe, dies weiter zu vermitteln. – Und wie es sich so fügt: die Einladung aus Bolivien ist ja schon da, es gibt dort Menschen, die darauf warten…

Dann erfolgt über zwei, drei Monate eine intensive Ausbildung. Meine Lehrerin spürt in sich die Aufforderung, mir nach und nach von Einweihung zu Einweihung das ganze Wissen und die Fähigkeit zu übermitteln, um Lichtenergie-Lehrerin zu sein.

Wieder kann ich nur staunen, wie der Zeitplan ‚von oben' gelenkt wird: Kurz vor dem schon gebuchten Flug nach Bolivien für das erste Seminar in Südamerika vermittelt sie mir die Schluß-Einweihung.

Diese intensive Phase der Lichtenergie-Ausbildung wird begleitet von einer Serie von Träumen, die mir zeigen: Ja, das ist mein Weg, ich werde betreut und begleitet, wie sie ankündigten: „Wir helfen dir!"

Als Beispiel dazu der letzte Traum, nach der abschließenden, besiegelnden Einweihung: Vor mir steht eine Lichtgestalt, strahlend helles weißes Licht; sie fordert mich auf, meinen rechten Fuß – und ich sehe, ich habe weiße Stiefelchen an – auf ein kleines weißes Bänkchen vor mir zu stellen, und das Lichtwesen poliert diesen Schuh. Danach die Aufforderung, nun auch den linken. Auch dieser wird poliert, und dann weist dieses Wesen mit einer Geste nach vorn: „Nun geh!"

Damit kann die Erfüllung dieser Aufgabe beginnen, die ich in aller Demut verstehe als die Verwirklichung der Worte: „Ihr seid das Licht der Welt."

Und noch eins: Mein Geistiger Leiter hat mir aus der geistigen Welt folgende Worte mitgegeben: „Denke immer daran, daß nicht du es bist, die etwas bewirkt, sondern Es wirkt durch dich."

Das habe ich beherzigt.

13. Meine Mutter

Von meiner Mutter habe ich schon viel erzählt im ersten Kapitel ‚Geburt'. So könnt ihr euch sie schon vorstellen, mit ihrem starken Charakter, ihrer Energie, an der Orgel, immer besorgt um mich…

Ich möchte hier auf einige ‚Geschichtchen' eingehen, die etwas zu tun haben mit ihr als der ‚Omi' und unserem Sohn Gerrit.

Sie war überglücklich, seine ‚Omi' zu sein. Wenn sie mich als kleines Kind spazieren fuhr im Kinderwagen, konnte es passieren, daß jemand sagte: „Ach, da fährt die Omi ihr Enkelchen aus!" – Das ärgerte sie, sie wollte nicht so alt erscheinen; ihr wißt, sie war 42, als ich auf die Welt kam. – Doch nun, mit ihrem richtigen Enkel im Kinderwagen, da sagte sie: „Nun können die Leute wirklich sagen: ‚Die Omi fährt ihr Enkelchen aus!'"

Sie hat dem Gerrit dann schon sehr bald – in weiser Voraussicht, daß er ja mal größer werden wird – eine Lederhose gekauft, natürlich viel zu groß für sein Kindesalter. Er hat sie später aber, nach fünf Jahren, glaube ich, ganz stolz getragen. Sie war ja von seiner Omi.

Er ging sehr gerne zu ihr. Wir wohnten in Fulda, da kann man vieles zu Fuß machen. Was wir aber erst viel später herausbekamen, was wohl der Grund für sein freudiges Mit-ihr-spazieren-Gehen war, das war eine Geheimtasche, die sie vom Schneider hat nähen lassen, in ihrem Ausgehmantel, und darin hatte sie Schokolade versteckt, als Wegzehrung für den lieben Enkel unterwegs.

Mit war es nämlich nicht so recht gewesen, daß er so viele Süßigkeiten bekam, und Großeltern verwöhnen ja gerne. Ich hatte sie auch vor dem Spazierengehen kontrolliert, den Mantel abgeklopft („Na, hast du nicht schon wieder…?" – „Nein, natürlich nicht!") und die Geheimtasche nicht entdeckt.

Das Verwöhnen geschah dann noch in anderer Weise, was wir auch erst viel später feststellen konnten: In ihrem Kleiderschrank entdeckten wir Panzer-Spielzeug, was mir auch nicht gefallen hätte, hätte ich's gewußt. – Doch nicht Krieg spielen! – Oder müssen Kinder diese Phase durchmachen?

Im Laufe der Zeit, als ich älter wurde, umso mehr wurde meine Mutter für mich eine Vertraute, mit der ich über vieles sprechen konnte. Ich brauchte diesen innigen Austausch.

Es machte ihr auch große Freude, ohne daß mein Vater davon wußte, nach ihrem Unterricht im Internat der Marienschule noch mit mir zu Café Thiele zu gehen, sich mal was zu gönnen, und das habe ich heute noch gut in Erinnerung, wie wir Beide vor einem Stück Erdbeertorte sitzen und dies genießen im Bewußtsein einer kleinen Verschwörung, denn er hätte das nicht gut gefunden, dafür Geld auszugeben.

Ihr habt vielleicht gemerkt, daß ich dies alles in der Vergangenheitsform erzählt habe. Ich glaube, das ist von allein so gekommen, weil dies nun sehr lange für mich zurückliegt, als eine Erinnerung an ‚alte Zeiten‘.

Doch nun wende ich mich wieder der Gegenwart zu, wenn ich mein letztes Zusammensein mit meiner Mutter erzählen möchte.

Dies löst in mir tiefe Empfindungen aus, geht es doch darum, wie ich ihre letzten Stunden erlebt habe, mich von ihr verabschieden konnte, wie sie in Frieden gehen konnte.

Wer aufmerksam den zweiten Band gelesen hat, wird sich daran erinnern. Doch auch hier möchte ich es dennoch noch einmal erzählen, um das Leben meiner Mutter richtig zu würdigen als Freundin, als Vertraute, als Begleiterin meines Lebens.

Das Altersheim in Fulda ruft mich hier in Flensburg an, es sei jetzt wohl so weit, und ich müßte mich beeilen, um sie noch lebend anzutreffen. – Mit dem schnell Hinfahren ist das nicht so einfach, wir schreiben das Jahr 1974, und da gibt es nicht so viele Züge von Flensburg nach Fulda.

So sitze ich nun in dem erstmöglichen Zug und weiß: Es liegen etliche Stunden vor mir, in denen ich mich innerlich vorbereiten kann auf diese letzte Begegnung. All die vielen Jahre, die sie mich seit meiner Geburt begleitet hat als eine sehr fürsorgliche, liebevolle Mutter, in späteren Jahren auch als gute Freundin, Vertraute.

Sie ist jetzt 77, ist am 7.7.1897 geboren, in Dresden, war bei meiner Geburt 42 Jahre alt (= 6 x 7), ich bin jetzt 35 (= 5 x 7), also noch recht jung, um von einer Mutter Abschied zu nehmen. (Ihr merkt, wie die Sieben uns begleitet!) – Meine Gedanken, meine Erinnerungen richten sich bei dieser langen Zugfahrt auf all das, was sie mir bedeutet.

Vor allem bin ich ihr dankbar, daß sie mir, gegen den Wunsch meines Vaters, den Namen ‚Ellinor' gegeben hat. Er ist arabischen Ursprungs und bedeutet: ‚Gott ist mein Licht'.

Was für eine tiefe Bedeutung er in sich birgt und wie er sich in meinem Leben auswirkt, das hat sich mir erst viel später enthüllt, indem ich darin einen Bezug zu meinem Leben erkennen konnte, wie ich geführt wurde, mich beschützt fühlen konnte – in Seinem Licht.

‚Licht' wird auch immer mehr zu einem Schlüssel in meinem Leben, bis hin zu meiner späteren Lebensaufgabe mit der Lichtenergie – dies aber im Rückblick gesagt aus dem gegenwärtigen Moment, in dem ich dies erzähle, aber Vergangenheit, Gegenwart und Zukunft – alles ist ja ineinander verwoben, und es geht nicht immer um unsere irdische Chronologie.

Und so tauche ich auf dieser Zugfahrt weiter ein in die Erinnerungen, wie sie sich mir zeigen: Wie du, Mutti, mir und dir das Leben gerettet hast, indem du dich weigertest, während der Kriegszeit und der Bombardierung von Fulda, wo du mich das Licht der Welt hast erblicken lassen – indem du dich weigertest, den Anweisungen des Wachpersonals zu folgen und in den Bunker neben der Josefskirche, wo du als Organistin Orgel spieltest, ganz bis hinten unter einen Felsen als scheinbar sichersten Teil des Bunkers zu gehen: „Nein, ich bleibe hier vorn am Eingang, dann kann ich schnell wieder raus!" hast du gesagt, ließest nicht locker, du bist ja eine starke Frau, und das hat uns das Leben gerettet, denn hinten auf den Felsen war eine Bombe gefallen, der Felsen hielt zwar stand, aber der Luftdruck der Explosion hat die Lungen von allen dort hinten platzen lassen, sie wurden tot an uns vorbeigetragen, draußen in den Schnee auf die Stufen vor der Kirche gelegt – ich vergesse das nie. Erinnerst du dich? – Und das Pfarrhaus gegenüber brennt...

Und wie du stets um mich besorgt warst, ich als dein einziges Kind, dein Ein-und-Alles, deine Zuwendung war immer für mich da.

Nun bin ich unterwegs zu dir, hoffe, dich wach und bewußt vorzufinden, zu umarmen. Vielleicht nur einfach still neben dir zu sitzen, deine Hand zu halten und zu spüren, wie du dich von diesem irdischen Sein löst, dich vorbereitest auf dein Weitergehen in die geistige Welt, in die Weite, in die Freiheit. – All dies und noch viel mehr sind meine Gefühle und Gedanken auf dieser Fahrt nach Fulda.

Die Schwester vom Emmaus-Heim empfängt mich liebevoll, einfühlsam: „Ja, sie lebt noch. Sie können sofort zu ihr!"

Erleichtert lasse ich mich in ihr Zimmer führen. Bewegt und doch gelassen setze ich mich zu ihr, ergreife ihre Hand, drücke sie als Zeichen, daß ich da bin. – Ich merke, ihr Bewußtsein ist schon woanders, nicht mehr in dieser irdischen Begrenzung. Ihr Blick bleibt auf ein Aquarell meines Vaters gerichtet, das ich gemalt hatte – keine weitere Rührung, nur Stille.

Ich nehme bewußt wahr, wie es ist, wenn sich ein Mensch als Seele vom Körperlichen löst, schon am Hinübergehen ist, und all mein Empfinden, meine Dankbarkeit lasse ich zu ihr strömen.

Die Zeit verstreicht. Die Schwester kommt herein: „Wir wissen nicht, wann es soweit sein wird. Wollen Sie sich nicht ein bißchen ruhen? Ich mache nebenan ein Bett zurecht und werde alle Viertelstunde zu Ihnen kommen, um Sie rechtzeitig zu wecken."

Sie hat mich nicht geweckt. Um vier Uhr morgens schlägt die große Standuhr in meinem Raum viermal – doch nein, sie schlägt noch weiter, zwölfmal – und, ich muß mich zwicken, ja, ich bin wach, ich höre den Regen draußen, aber die Standuhr schlägt weiter mit einem tiefen Gongton, immer weiter, ich zähle schon gar nicht mehr...

Da kommt die Schwester herein, es ist zehn nach vier: „Ihre Mutter ist vor zehn Minuten sanft eingeschlafen!"

Oh, Mutti, so wolltest du dich also verabschieden, mir zu verstehen geben, daß du es geschafft hast, du als Musikerin, Organistin, Klavierlehrerin, immer mit der Musik verbunden, daher also die irdisch nicht erklärlichen vielen Gongschläge der Standuhr – ja, du kannst nun weitergehen, ins Land des Lichtes und des Friedens.

Ich dagegen bleibe noch ein bißchen auf der Erde, aber ich weiß, du wirst mich begleiten, von dort, wohin du gegangen bist.

Ich bleibe verbunden mit dir, Mutti, von Herz zu Herz in tiefer Dankbarkeit.

14. Die Inschrift

Wir sind wieder in Fulda, in den fünfziger Jahren. Gegenüber meiner Schule, der Marienschule, steht ein Haus aus den zwanziger Jahren. An seinem Portal fällt mir etwas auf: In dem Türsturz aus Stein ist oben ein Spruch gemeißelt:

„Wir bauen hier so feste
und sind ja doch nur Gäste.
Und wo wir werden ewig sein,
da bauen wir so wenig ein."

Als Jugendliche denke ich schon über vieles nach, und so zieht dieser Spruch meine Aufmerksamkeit auf sich, er begleitet mich, löst in mir Fragen aus, auf die ich im Laufe der Zeit immer mehr Antworten finde.

Offensichtlich ist in dem Inhalt eine Klage enthalten, etwas wird beklagt, und ich frage mich, warum man sich nicht vornimmt, es besser zu machen, also nicht bei diesem nur Beklagen zu bleiben.

So fange ich an, diesen Text zu untersuchen: „...wo wir werden ewig sein..." – als Tatsache, und „wo?" – ja, wo? – „Gäste sein" – also nur zeitweise? – „ewig sein" – was heißt das?

Sollten wir dann nicht stattdessen mehr einbauen? Statt „...so wenig"? In welcher Weise?

Der Spruch offenbart sich für mich immer mehr als ein Schlüssel zu der Frage unseres irdischen Seins – welcher

Sinn ist hinter allem? Wenn der Sinn nicht der ist, hier „so feste" zu bauen, ja, worin besteht er dann? Was sollten wir „einbauen" für das „ewige Sein"?

Das Gebäude ist inzwischen abgerissen und mit ihm ist der Spruch verschwunden, aber gerade das ist ja ein Beweis für die Wahrheit dieser Worte: Alles unterliegt der Vergänglichkeit.

So regt dieser Spruch mich an, tiefer einzudringen in den Sinn meines Hierseins, meiner Existenz. – Aus dem Beklagen müßte eine Aufforderung werden, nicht beim Beklagen, Bejammern stehen zu bleiben, sondern mit dem, was in uns ist als Kraft, was der Schöpfer uns mitgegeben hat, in uns hineinzuspüren und die Antwort kommen zu lassen: eine Aufgabe in diesem Leben zu erfüllen, die zum Guten führt, für andere da sein, hilfsbereit, vom Herzen her, egal, in welche Rolle wir in diesem Leben hineingestellt sind, in welche Umstände wir geboren wurden…

Es liegt alles vor unseren Füßen; es ist nichts Großartiges, Spektakuläres, Weltbewegendes, nein – diese kleinen Gesten, das liebevolle Miteinander, das Verständnis für einander, das kann in jedem Moment geschehen, unmerklich, aber von innen her im Bewußtsein: Wir sind alle auf diesem Weg, alle miteinander verbunden – auch im Stillen mit Licht aus dem Herzen zum Mitmenschen.

Denkt an das Beispiel der Uschi („… da kommt ja unsere Sonne!") – so kann sich etwas wandeln – indem wir uns wandeln, nicht betroffen fühlen von dem Handeln anderer, Verständnis haben: Das hat etwas mit ihm zu tun, er ist in seelischer Not – also nicht Gleiches mit Gleichem vergelten: „Was du nicht willst, das man dir tu, das füg auch keinem anderen zu!"

Ganz einfach in sich selbst so heil sein, daß man dem anderen helfen kann, auch heil zu werden, seelisch, körperlich. – Sich nicht beklagen, nicht als Opfer fühlen, sondern wissen: Alles dient mir zu meinem Wachsen, meiner seelischen Entwicklung; all die Prüfungen, das scheinbare Leid formen mich, lassen mich demütiger werden, immer im Bewußtsein, daß da etwas in mir ist, was mir vom Schöpfer mitgegeben wurde, als ein Teil von ihm, wie man's auch nennen mag: der göttliche Funke in mir, ein Lichtfunke von Seinem unendlichen Licht.

Oh, all diese Überlegungen sind ausgelöst durch die Inschrift gegenüber meiner Schule? Ich glaube, ja, denn es ist alles darin enthalten: das Hiersein als Vorbereitung für das ewige Sein – was auch immer man darunter verstehen mag: Ewigkeit – was ist das?

Mir hat eine Erklärung geholfen, einen Schritt weiter zu kommen: Das ist Zeitlosigkeit, also etwas jenseits unseres irdischen Zeitverständnisses, unserer Erlebnisweise: Weite, Freiheit, die wir uns hier auf Erden noch nicht vorstellen können, gebunden an diesen Körper, in seinen Beschränkungen, seinen Bedürfnissen, denen wir zu entsprechen versuchen.

Es geht also darum: Wie gehen wir mit all dem um, was wir hier als Leid erleben? Schaffen wir es, uns nicht als Leidende zu empfinden? Darüber hinauszuwachsen? In uns die Gewißheit zu bewahren, daß alles in Gottes Händen liegt? Hinspüren zu können, wie wir geborgen sind in

Seiner Liebe, immer getragen und behütet – uns eins fühlen zu können? – Uns nicht zu beklagen, sondern zu wissen: Alles hat seinen Sinn? – Schaffen wir das?

Oh, die Gedanken gehen ja immer weiter. Aber was da jetzt gekommen ist, intuitiv, das ist in mir, sonst hätte ich es nicht so formulieren können, und ich bin dankbar, daß ich auf meinem Lebensweg so geführt wurde, durch welche Umstände auch immer, Schwierigkeiten, Leid, liebe Menschen wie meine Mutter, die innige Übereinstimmung mit Günter, meinem Lebensgefährten, meinem Begleiter, auf diesem gemeinsamen Weg – daß ich so geführt wurde, daß all dies in mir gewachsen ist an Erkenntnissen und mich ganz erfüllt: Alles ist gut so, alles hat seinen Sinn.

Wenn ich noch etwas als Leid empfinden sollte, so ist dies eine Prüfung, um im Vertrauen zu wachsen, in diesem Grundvertrauen, daß ich ein Geschöpf Seiner Liebe bin, daß ich aus Seiner Liebe nicht herausfallen kann, in jedem Moment immer wieder von Neuem geboren werde, in diesem ‚ewigen Leben‘, das jetzt und immer schon da ist, da war und sein wird…

Dies könnten fast schon Schlußworte sein, aber das Leben geht immer weiter: Anstelle des abgerissenen Hauses ist ein neues gebaut worden, so wie auch wir weiterhin immer wieder zu etwas Neuem gelangen werden – eine ständige Erneuerung, ein Weiterwachsen, auf ein wunderbares Ziel hin…

Ja, unser Schöpfer hat noch viel mit uns vor, das spüre ich.

Doch nun kommen die endgültigen Schlußworte:

Ich versuche, mir vorzustellen, wie das sein wird, wenn ich mich aus meinem Körper lösen werde (als Kind hatte ich auch schon solche Gedanken, war aber nichts Schlimmes für mich), wie mein Körper immer mehr an Bedeutung verliert, schließlich zurückbleibt als eine materielle Hülle, mit der ich nichts mehr zu tun habe, wie ein Gewand, das mir zudiensten war das ganze Leben lang, damit ich Erfahrungen sammeln konnte, die mich mit Erkenntnissen beschenkt haben, die ich nun als einen Schatz mitnehmen kann,

– dieser Körper, der nun ausgedient hat, von dem ich mich nun als treuem Begleiter verabschieden kann und selbst als das, was ich wahrhaftig bin, als Bewußtsein, als Seele – denn ich bleibe immer ich – hinübergleiten kann in die Freiheit – oh, welch unendliche Erleichterung! – in die ewige Weite des Seins.

Meine Mutter nannte es in einer Botschaft „das Land des Lichtes und des Friedens". Ist das nicht etwas, worauf wir uns freuen können?

Und eins ist gewiß: Es ist nie etwas zuende, es geht immer weiter...

Ich traue mich, zu guter Letzt noch diese Worte hinzuzufügen: „Wir sind eins in der Liebe Gottes."

Versucht einmal, diese Worte in ihrer ganzen Tiefe zu erfassen – nicht als schöne Worte, sondern indem ihr ihre Essenz in euch erfahrt.

Spürt nach innen. Es ist alles da.

Und wir sind in Frieden.

Foto-Anhang

Meine Mutter mit mir
1939

Meine Mutter im Alter von 16 Jahren

Meine Mutter im Wohnzimmer meines Geburtshauses
1953

Mein Maleckchen
1957

Mein Großvater (1866-1927)

Portrait meiner Mutter
1957

Selbstportrait
1956